乡村振兴100问系列丛书

粮食安全

100问

LAINGSHI ANQUAN
100WEN

丁声俊◎编著

中国农业出版社
北 京

FOREWORD

前　言

　　在庆祝中国共产党成立 100 周年之际，中国的粮食生产取得"十七连丰"；全面建成了小康社会，历史性地解决了绝对贫困问题；全国迅速控制住新冠疫情、恢复正常生产与生活，成为世界唯一实现经济正增长的主要经济体。然而，面对世界百年未有之大变局，我国粮食安全也面临产业链、供应链和价值链的重大变化，产生的新问题和新挑战，必须采取有力的新措施加以应对，在更高水平上确保国家粮食安全。我国正全力构建粮食"双循环"发展新格局，同时大规模实施乡村振兴战略，力促农村更美、农业更强、农民更富。为适应新时代国内外大环境的需要，《粮食安全 100 问》这本普及读物，应答了时代的呼唤，适合社会的需要。

　　作者和编辑都满怀心愿，向读者奉献一本"小百科全书"式的、关于粮食安全基本知识的普及读物。摆在读者面前的这本小书，共计 100 个问答，按照内容归纳主要包括：着力解读中央保障国家粮食安全所确定的理念和方针、思路和道路、战略和策略、改革和创新、政策和措施；客观评析新中国成立特别是改革开放以来，中国粮食产业的历史变迁和转型、奇迹和辉煌；全面讲述粮食资源的内涵、种类、构成成分及科学利用；简要介绍了国际粮食组织机构及保障世界粮食安全的行动；最后还介绍了中国古代经典性粮食经济思想观念及重要代表人物，以及源远流长的中国古代粮食文化的萌芽及发展。

借本书付梓之际，作者衷心感谢中国农业出版社多年来对我的专著出版及研究工作提供的大力支持和帮助。

作者还要郑重表示，在写作本书过程中，吸纳了本人多年来的研究成果，参阅了多种统计资料和文献专著，在此对各位学者表示感谢。有关我国古代粮食经济思想和粮食文化，涉及浩瀚的史料，这里只略点一二。书中若有不妥之处，欢迎专家学者不吝赐教。

丁声俊

2021 年 6 月 30 日

目 录
CONTENTS

前言

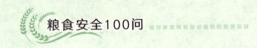

1. 什么是粮食？

粮食，人们一日三餐必吃的食物，顿顿离不开。粮食有多种多样的叫法，在我国，粮食是对谷类作物、薯类作物（包括甘薯、马铃薯等）及食用豆类作物（包括大豆、蚕豆、绿豆、红豆等）的总称，一般用作人类主食，大大小小有几百种之多，其中，稻谷、小麦和玉米等大品种谷物，在粮食中占最主要的地位。还有一种相似的说法，粮食是指烹饪食品中，作为主食的各种植物种子、根块的总称。在我国古代称，"行道曰粮""止居曰食"，意思是行人路途上带的干粮和在家庭吃的饭即为粮食。而在国外，粮食一般指谷物。

比较国内外关于粮食内涵的界定，我们可以清楚地看到：我国粮食作物的概念与国际上的概念有相同点，也有不同点。我国把谷物看作粮食作物的最重要的组成部分，此外还包括豆类和薯类两种作物。在国际上粮食作物即等于谷物，即禾本科植物的种子和果实，它包括稻谷、小麦、玉米、燕麦、黑麦、荞麦等。此外，国外又把稻谷、小麦划为细粮；把玉米、高粱、燕麦等划为粗粮；把木薯和马铃薯称为块茎作物。无论哪种概念，稻谷、小麦、玉米始终占主要地位。据联合国粮农组织数据，2020年全球谷物产量为27.4亿吨，其中，全球小麦产量达到历史最高水平7.6亿吨，稻谷总产量达到5.1亿吨，玉米总产量达到8.5亿吨。

粮食富含营养物质，主要包括碳水化合物、蛋白质、维生素、膳食纤维、脂肪等。从营养学角度来看，一般人体所需要的营养元素来自五大类食物：第一类谷类及薯类；第二类动物性食物；第三类豆类及其制品；第四类蔬菜水果类；

第五类纯热能食物。每类食物为机体提供的营养是各不相同的，其中的第一类谷类及薯类和第三类豆类及其制品，都属于植物性食物的范畴。

民以食为天。粮食是人类生存发展的基础，是最基本的生活资料。粮食不仅是民众的生活必需品，而且还是饲料工业和新型工业的原料，它支撑了现代畜牧业的发展。此外，粮食还是重要的特殊商品，是百价之基，对于稳定市场、稳定价格、稳定民心具有不可替代的作用。粮食还是一种准公共产品，每一个人生来都享有吃饭的权利。综上所述，粮食是人类生活、生产与生存的基础，是重要的战略物资。

2. 什么是谷类食物？

谷物即指谷类食物，是禾本科植物的籽实，主要有小麦、稻米、玉米、高粱及小米等。多年来，我国谷物的总产量占整个粮食总产量的90％以上。谷类食物在中国人的膳食中占有重要位置。它大体提供了每日膳食73％的热能和65％的蛋白质，还是无机盐和B族维生素的主要来源。谷

类食物中的碳水化合物的主要形式为淀粉，含量可达70%以上。

 3. **中国古代的"五谷"是指哪五种作物？**

在中国古代曾创造"五谷"这一名词，"五谷"最早是由汉代人提出来的。汉代和汉代以后的解释主要有两种：一种说法是指"稻、黍、稷、麦、菽（即大豆）"；另一种说法是"麻（指大麻）、黍、稷、麦、菽"。这两种说法有一个差别：前者有"稻"无"麻"，后者有"麻"无"稻"。中国古代经济文化中心在黄河流域，稻的主要产地在南方，而当时我国北方地区很少种稻，所以"五谷"中最初无"稻"。"谷"原来是指有壳的粮食，像稻、稷（即谷子）、黍（也称黄米）等外面都有一层壳，所以叫作"谷"。"五谷"原是中国古代所称的五种谷物，后泛指粮食类作物。

若把这两种说法结合起来，共有"稻、黍、稷、麦、菽、麻"等六种主要作物，因此还出现了"六谷"的说法。在我国最早的诗歌总集《诗经》中，还有"百谷"的诗句。在战国末期的《吕氏春秋》中阐述的就是上述的六种作物。在我国多种版本的古代文献中，如《周礼》《孟子》《管子》和《楚辞》中常用的都是"五谷"。

此外，还有把"五谷"划分为"天谷""地谷""悬谷""风谷""水谷"的说法，但并不都是指粮食。"天谷"包含稻、麦、高粱等果实长在头顶类的作物；"地谷"指花生、甘薯等果实长在地面下的作物；"悬谷"指豆类、瓜类等果实长在枝蔓上的作物；"水谷"指菱角、藕等水中生长果实的作物；唯有"风谷"特殊，指借助风力传播花粉，将顶部

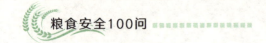
花粉吹到作物茎节长出的须上，从而结出果实的作物。

随着社会经济和农业生产的发展，"五谷"的概念也不断有所演变，但实际上，它只是代表粮食作物的总称。在我国古代著名典籍《黄帝内经》中写道："五谷为养，五果为助，五畜为益，五菜为充。"这可以说是我国最早的关于食物结构的科学观点，其中的"五谷为养"就是泛指粮食提供的基础性营养。

 4. 什么是豆类作物？

豆类是中国乃至世界农业中一类重要的农作物。世界上有黄豆、绿豆、黑豆和红豆等四大豆类作物。在我国，拥有更多的豆类作物，除黄豆这个主要品种之外，豆类中还包括蚕豆、豌豆、绿豆、红豆、黑豆、芸豆、鹰嘴豆等小杂豆。豆类品种繁多，营养丰富，栽培地区广泛。2020年我国大豆总产量1 960万吨，居世界第四位，绿豆、蚕豆总产量居世界第一位。豆类含有丰富的优质蛋白质、不饱和脂肪酸、钙及B族维生素，是人们膳食中优质蛋白质的主要来源。

我国豆类作物的生产情况如何？

　　我国是豆类生产大国，品种多，产量大，分布广，历史久。2019年，我国豆类总产量达到2132万吨，比上年增长212万吨，增长11%以上。2020年，豆类产量增加，达到2290万吨，比上年增长158万吨，增长7.3%。其中，大豆总产量1960万吨，比上年增长150万吨，增长8.3%。

　　在我国豆类作物中，大豆占首位。大豆的原产地是中国，古称菽，距今已有5000多年的栽培历史。目前，我国东北地区是大豆主产区，但在华北及长江中下游等地区也多有种植。按照大豆种子种皮的颜色和用途划分，大豆分为五类：黄大豆、青大豆、黑大豆、饲料豆及其他大豆。大豆的主要成分有淀粉、蛋白质、脂肪及维生素等。豆类作物不仅为人类提供食粮和某些副食品，以维持生命的需要，而且为食品工业提供原料，为畜牧业提供精饲料和粗饲料。豆类含有丰富的营养元素：蛋白质含量高达36%～40%，脂肪含量15%～30%。大豆蛋白质是植物蛋白质的主要来源，此外还含有较多的赖氨酸，可与谷类蛋白质互补，提高其营养价值。大豆油中亚油酸含量达50%，是优质食用油。大豆还含有丰富的钙、磷、铁及B族维生素和硫胺素，其核黄素含量在植物性食品中也是较高的。

　　我国有多个品种的绿豆，集中出产在西部和中部地区。绿豆营养丰富，是高蛋白、中淀粉、低脂肪、医食同源作物，绿豆籽粒中含有25%的蛋白质，是小麦粉的2.3倍、小米的2.7倍、玉米面的3.0倍、大米的3.2倍。此外，绿豆还含有丰富的淀粉和维生素，可制作独具风味的佳品。

原产于我国的黑豆，既是粮食和油料作物，也是一种很好的蔬菜。黑豆的蛋白质、脂肪、微量元素的含量相当高，可加工成多种制品，丰富人们的生活。

6. 什么是薯类作物？

薯类作物又称根茎类作物，主要包括甘薯、马铃薯、木薯、山药、芋类等。这类作物的产品器官是块根和块茎，生长在土壤中，具有生长前期和块根（茎）膨大期两个生理分期。薯类作物属于一年生或多年生蔓生草本作物，其种类繁多，因地区不同而有不同的名称，像甘薯又称红薯、地瓜、红苕等。薯类作物其用途很广泛，可用作食物、饲料和工业原料。在薯类中，马铃薯、甘薯和木薯被称为世界三大薯类作物。

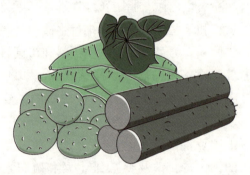

马铃薯，为茄科作物马铃薯的块茎，它和水稻、小麦、玉米和燕麦一起被称为世界五大粮食作物。根据马铃薯的来源、性味和形态，人们给马铃薯取了许多有趣的名字。例如：我国山东鲁南地区（滕州）叫地蛋，云南、贵州一带称芋或洋山芋，山西叫山药蛋，安徽部分地区叫地瓜，东北多称土豆。马铃薯在国外也有不同的名称。在意大利叫地豆，在法国叫地苹果，在德国叫地梨，在俄罗斯叫荷兰薯，美国人则把马铃薯叫爱尔兰豆薯。马铃薯在300多年前传入我国，现已成为我国重要的农作物之一。马铃薯营养丰富，蛋白质多是完全蛋白质，人体吸收率较高，既可当作主食，又可当作副食，食用方式多样。

甘薯，为旋花科植物番薯的块根。甘薯，各地叫法不同，像红薯、白薯、地瓜、番薯、甜薯等。甘薯传入我国已400多年，成为我国薯类生产中的一个重要作物。甘薯营养丰富，除含糖量高之外，还有蛋白质、膳食纤维以及维生素等，具有食疗保健功能，可制作成多种食品。

木薯，又称为树薯、木番薯，被列为世界三大薯类作物之一。目前，世界上有5个木薯主产国。19世纪20年代，我国引进木薯，在南方的亚热带丘陵地区推广种植。木薯分为甜、苦两个品种：甜木薯可以食用，制作成多种食品；苦木薯可作为工业原料。木薯可加工成木薯干、木薯片、木薯全粉和木薯淀粉等。木薯淀粉可进一步深加工成变性淀粉。淀粉衍生物广泛用于食品、制糖、纺织、造纸、医药和化工等行业，特别是木薯淀粉还可作为生产工业酒精及新能源燃料乙醇的重要原料。

7. 粮食的用途有哪些？

粮食是人类生存最基本的生活必需品，随着经济发展和人们生活水平的不断提高，以及科学技术的进步，粮食的用途不断扩大，可分为两大类、四大用途。

所谓两大类是指，食物用粮和非食物用粮。其中，食物用粮包括直接或间接满足人们食物消费需求的粮食，非食物

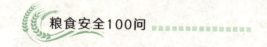
用粮主要包括种子用粮和工业用粮。

　　所谓四大用途包括：居民口粮、饲料用粮、工业用粮和种子用粮等四种消费。①居民口粮，是我国第一大粮食用途，占粮食消费总量的50％以上。目前，口粮在粮食消费中的比重呈稳中下降趋势，而由饲料转化生产的动物性食品消费量不断增加。②饲料用粮，是我国第二大粮食用途。其消费数量和占粮食消费总量的比重均稳定增长。近年来，全国饲料粮消耗的增幅已超过口粮的增幅。③工业用粮，是指以粮食作为主要原料或辅料的生产行业的用粮，例如食品、医药、化工、酒精、酿酒、淀粉等行业所消耗的粮食。但不包括饲料工业用粮。目前，工业用粮的数量在中国粮食消费总量中占第三位。④种子用粮，在粮食四种用途中数量最少。随着精准农业的发展，精准播种技术普遍推广应用，种子的消耗量稳中趋降。

　　需要说明的是，随着社会经济和科技的突飞猛进，有力地推动粮食和油料的精深加工，综合化开发利用粮食的各种成分，扩大了粮食的用途。甚至可以说，粮食的属性发生了变化，它除了原有的食用性之外，还增添了能源属性和金融属性。例如，利用玉米生产燃料乙醇，如果过多利用玉米发展燃料乙醇工业，势必与人争粮，危及粮食安全。因此，必须妥善处理粮食的食用与生产燃料乙醇新能源的关系，必须首先确保粮食安全。

 8. 粮食安全的概念是什么？

　　什么是粮食安全？这一概念是20世纪70年代首先由联合国粮农组织提出来的。它一经提出，迅速受到世界各国和地区的普遍重视。随着时间的推移和经济科技的进步，粮食安全的内涵和外延不断丰富。迄今，粮食安全的概念主要经历了三个阶段的发展变化。

1972—1974 年，世界各粮食主产国和地区连续发生了严重的自然灾害，导致粮食大幅度减产，全球粮价上涨了近 2 倍，致使许多发展中国家和地区都遭遇到粮食严重短缺的危机。这是第二次世界大战后最为严重的一次世界性粮食危机。在这样的背景下，1974 年 11 月 16 日，联合国粮农组织在意大利首都罗马召开的世界粮食大会上通过了《世界消灭饥饿和营养不良宣言》。这个宣言将粮食安全定义为："任何时候所有人都有能力获得充足的维护生命和健康的食物。"但是，这一概念比较宏观，于是粮农组织在此基础上又进一步提出，粮食储存量相当于同年粮食消费量的 17%～18%，其中 12%～13% 为粮食储备警戒线，就从性质和数量的两个维度上界定了粮食安全的概念。

20 世纪 80 年代，随着粮食生产的较快发展，世界粮食产量和粮食储备都有所增加，但饥饿的阴影并没有散去，仍然笼罩着广大发展中国家。与此相应，粮食安全的概念也在不断地发生变化，这就要求人们不要只盯着生产粮食和储备粮食，还要注意到不同国家、不同地区，以及不同层次的人群获得食物的能力。1983 年 2 月，联合国粮农组织在粮食国际首脑会议上对粮食安全的概念进行了新界定：粮食安全的最终目的是，保证所有人随时都能买得到、且能买得起能够维持生活的基本食物。这里的粮食安全包含三层意义：一是粮食生产量足够多，打下了物质基础；二是粮食供应相对稳定，建立了市场流通网络；三是对粮食有需求的人有获得粮食的能力，具有一定购买力。这包含了粮食安全的三大要素：既要保证足够多的粮食产量，又要保证合理的粮食供给，还要注意提高居民的购买能力。只有同时满足这三个条件，才有可能实现真正的粮食安全。

20世纪90年代初，随着经济发展、科技进步，粮食供给能力以及人们生活水平等都显著提高。而环境污染造成粮食中残留一些有害物质，促使人们开始重视粮食的品质安全问题。在1996年11月举行的世界粮食首脑会议上通过了《世界粮食首脑会议行动计划》，再一次对粮食安全的概念进行了充分阐述。这就是"所有人在任何时候都能获得足够的、富有营养的和安全的食物，来满足人的健康膳食的需要"。这一概念把粮食安全的内涵提升到一个新的高度。那就是在保证粮食产量、稳定粮食供给和足够粮食储备，以及增强人们购买力的前提下，还突出强调了粮食的质量安全和营养健康的重要性。

由上述可见，随着时代的进步和经济的发展，从联合国粮农组织最早提出"粮食安全"的概念以来，其内涵和外延不断丰富和扩展。从最初偏重数量安全到同时重视质量安全；从偏重粮食供应能力到重视民众购买力；从偏重粮食产供销安全扩展到包括粮食的环境生态安全。这充分表明，关于粮食安全不仅是一个经济问题，而且已成为重大政治问题、民众生存问题和社会发展问题。

9. 我国2019年新发布《中国的粮食安全》白皮书的意义是什么？

2019年10月14日，国务院新闻办公室发布了《中国的粮食安全》（以下简称"白皮书"）。它是1996年《中国的粮食问题》发表 23 年后，中国政府发布的第二部粮食安全问题的白皮书。

20 世纪 90 年代中，西方少数经济研究者渲染"谁来养活中国"和"中国粮食威胁论"的论调。国内粮食经济界纷纷召开座谈会和发表文章，对西方少数研究者主观臆造的谎言据理驳斥。1996 年，在联合国粮农组织召开世界首脑粮食峰会前夕，我国向世界发布了第一部粮食白皮书《中国的粮食问题》。中国政府向全世界宣告：中国的粮食自给率将保持在 95％以上。后来的事实证明，中国完全做到了粮食基本自给，特别是谷物自给率始终保持在 95％以上。中国是世界粮食安全的稳定力量。

党的十八大以后，中央依据新形势和新需求，制定了粮食安全新战略，调整和充实了粮食安全的内涵，进一步明确了保障国家粮食安全的优先序，确定国家粮食安全的核心是"口粮安全"，要重点确保谷物基本自给、口粮绝对安全；并进一步明确了粮食安全的根基是产能安全。主要包括"三个能力"，即：国内可持续的综合生产能力、必要的储备能力，以及对国际资源的掌控能力。根据这一战略方针，要求把确保国家粮食安全的着眼点放到能力建设上，即"确保产能，适度进口"。

2019 年 10 月 14 日，国新办举行《中国的粮食安全》白皮书发布会。白皮书全面介绍了中国粮食安全现状，向全世界宣告我国粮食安全政府立场和政策主张，增进国内外对中国粮食安全的了解。中国政府的粮食政策和粮食主张包括：

第一，突出强调保障国家粮食安全是中国政府治国理政的头等大事，始终置于"重中之重"的战略定位。其唯一宗旨就是保障民生、增进人民福祉，满足人民群众对更美好生活的期盼。

第二，集中展现了保障国家粮食安全的伟大成就，彰显在中国共产党领导下，依靠人民群众艰苦奋斗，发挥自身力量，加强粮食生产基础、搞活粮食流通关键、端好自己饭碗的战略自信。

第三，系统阐述了中国特色的粮食安全之路，即中国深化粮食改革之路、创新开放之路、持续发展之路、共享合作之路，向国际社会贡献了保障粮食安全的中国道路。

第四，彰显了中国积极维护世界粮食安全的大国担当。中国政府坚持多边主义，积极践行自由贸易理念，履行加入世界贸易组织承诺，着力促进世界粮食安全。

第五，展望了中国未来粮食安全方针政策及重大举措，将继续提高粮食生产能力，加强粮食储备应急管理，建设现代粮食流通体系，积极维护世界粮食安全，为世界各方提供持续稳定的粮食安全的发展预期。

10. 《中国的粮食安全》白皮书介绍了我国哪些粮食成就？

新发表的《中国的粮食安全》白皮书全面介绍了中国粮食安全现状及所取得的伟大成就，以增进国际社会对中国粮食安全的了解。白皮书中的数据显示，中国人口占世界总人口比例1/5，粮食总产量占世界总量的1/4。中国依靠自己的力量，实现由粮食短缺时代、到基本小康、再过渡到全面小康的历史性转变。中国人民在粮食安全方面取得了举世瞩目伟大成就，既谱写出中国粮食发展的新篇章，也是为世界粮食安全做出了重大贡献。

(1) 全国粮食总产量连续提高。 2004—2019年，我国粮食生产实现了"十五连丰"。2015年以来，全国粮食总产量稳定在6.5亿吨以上，口粮实现基本自给和绝对安全，谷物自给率一直保持在95％以上，为粮食安全打下牢固基础。

(2) 国家粮食储备充足。 截至2018年，全国共建有标准粮食仓房仓容达6.7亿吨，粮食库存充足。而且粮食库存结构和分布结构比较合理，数量真实，质量良好，确保"储得进，调得动，用得上"。国家粮食储备库采用信息化、智能化管理，绿色化、生态化储粮，粮食储备达到世界先进水平。

(3) 全国粮食保障能力、调控能力不断增强。 这包括：粮食安全"省长责任制"的建立健全，进一步确立了对粮食安全"党政同责"，压实了维护国家粮食安全的责任，形成了中央和地方共同负责、高效协同的新局面。此外，粮食宏观调控手段更多更灵活，政策工具箱更加丰富，推动粮食收

粮食安全100问

储制度改革、实施政府储备吞吐调节、大力发展粮食产业经济、统筹国内国际两个市场等。

（4）**创新完善粮食市场体系**。我国坚持把深化国有粮食企业改革作为粮食改革的中心环节，解决了"三老"问题，轻装前进形成新型市场主体。各类粮食企业不断转型升级，以不同形式发展产业化、融合化。同时，创造公平公正的竞争环境，让市场发挥配置粮食资源的决定性作用，多样化、市场化收购粮食的比重不断提高，粮食收购新格局逐步形成。全国粮食商流、物流市场已达 500 多家，形成统一组织、灵活有序的粮食市场体系，新业态、新模式推广普及，市场供应丰满、价格基本稳定。展望未来，中国有条件、有能力、有信心筑牢国家粮食安全防线。

（5）**贫困人口吃饭问题有效解决**。我国党和政府一贯高度重视和采取消除饥饿和贫困的措施，特别是党的十八大以来，我国探索出一条振兴乡村经济、治穷致富的成功之路，精准扶贫、精准脱贫的成效显著。2020 年，中国贫困人口全部实现了脱贫。按照世界银行每人每天 1.9 美元的国际贫困线标准，中国对全球减贫的贡献率超过 70％，是世界上减少贫困人口最多的国家，解决了数千万贫困人口"不愁吃"的问题。

11. **为什么说"保粮安"是治国理政的头等大事？**

"洪范八政，食为政首"。粮食安全关乎国家命运与基本民生。自古以来，粮食就被看作"政之本务"，把确保粮食安全，视为治国安邦的首要任务。粮食是民众的基本生活资料，"保粮安"就是"保民生"。制定确保粮食安全的方针政策和措施，都必须从我国发展阶段和基本国情出发。我国作为发展中的大国，目前还处于社会主义发展的初级阶段，虽然国家经济总量居世界第二，但人均国民收入在世界的排位还比较靠后。另外，我国的基本国情是人口众多，已超过14亿，粮食需求量庞大，且呈刚性增长。2020年，我国民众生活已实现了全面小康化，但对更美好生活的追求和期盼越来越高涨。与此相对照，我国人均耕地、淡水资源等要素资源占有量相对较少。因此，解决好我国如此众多人口的"饭碗"问题，是民生的基本生存、生计问题。悠悠万事，吃饭为大。只要粮食不出大问题，中国的事就能稳得住。党和政府一贯高度重视国家粮食安全，一再重申我国人口众多的基本国情，确保粮食安全是治国理政的头等大事。粮食还是重要战略物资，确保粮食安全也是国家安全和国家富强的保障。这就是"足食强兵"的道理。"一粒粮食能救一个国家，也可以绊倒一个国家。"一个国家只有实现粮食基本自给、口粮绝对安全，才有能力掌控和维护好经济社会发展大局。这也是建设社会主义现代化强国必须要解决的首要问题。从世界经验看，凡世界上真正强大的

国家，都有能力解决自己的吃饭问题。这些国家之所以强，是同粮食生产能力强联系在一起的。所以，粮食安全是维护国家安全的重要支撑，是我们国家立足于世界民族之林的重要保障。

 12. 我国粮食安全新战略的内涵是什么？

我国党和政府历来高度重视粮食安全，把它置于重中之重的战略地位。早在新中国成立之初，国家就制定了独立自主、自力更生的大政方针。我国对粮食安全的认识也经历了不断变化和发展的过程。1994 年我国政府根据当时的具体情况，提出了符合我国基本国情的粮食安全战略，即"能够提供给所有人数量充足、质量合格、结构合理、生态安全的粮食"。

经过几十年的改革和发展，我国经济社会发展进入一个新阶段，对粮食安全的认识也提升到一个新高度。2013 年，党中央和国务院在综合分析国内外大环境、分析我国经济、特别是粮食面临的新趋势、新机遇和新调整的基础上，提出了"以我为主、立足国内、确保产能、适度进口、科技支撑"的国家粮食安全新战略。

"以我为主、立足国内"，是保障粮食安全的前提。新中国成立以来，中国一直把独立自主、自力更生视为解决中国粮食问题的主基调，始终注重牢牢掌握粮食安全的主动权。目前更强调中国人的饭碗在任何时候都要牢牢端在自己手里，而且要装上"中国粮"。这是审视与思考中国粮食安全的前提，一切关于农业改革和发展的举措都要以这个前提为依据。

"确保产能"是保障粮食安全的基础。作为粮食安全战略而言，最根本的是要深谋远虑，打牢根基。作为一个14多亿人口的大国，随着人口的增长与经济社会的发展，粮食的消费从数量与质量上都将会不断提高。因此，从长远的发展方针与制度设计上，我国既要全力关注粮食高质量发展，又不可忽视粮食数量的增长，必须持续扩大优质粮食产能，坚持"数量质量并重、质量优先"的发展道路。

"适度进口"是保障粮食安全的一项手段。从党的十一届三中全会正式宣布实行对外开放方针以来，我国农业对外开放合作开拓出了"引进来""走出去"的新局面。在新的国际环境下，在保障谷物基本自给、口粮绝对安全的前提下，合理利用国际市场、调剂粮食品种余缺是必要的，也是互通有无、相互补充、不可缺少的，是保障构建粮食安全体系的合理选择。

"科技支撑"是保障粮食安全的关键。粮食产量的持续增长和品质的有效改良，都必须依靠科技创新。尤其是要推进粮食供给侧结构性改革，促进其转变经营方式，发展现代种业和粮食流通业，加快农业现代化步伐，都必须依靠科技进步与创新，切实抓好科技支撑与引领的关键环节。

作为国家粮食安全新战略，针对新形势和新趋势，对事关全局的重大粮食问题，做出了前瞻性与战略性的判断，并赋予新内涵，提出了高屋建瓴、内涵丰富、立意深远的战略部署，构成一个完整的体系。在我国粮食多年连丰、持续向好的总体态势下，仍然把粮食安全置于突出的战略位置，充分展现出中央对于粮食安全问题的深谋远虑，彰显了战略思维、底线思维、创新思维、辩证思维。

13. 我国确保粮食安全的战略措施有哪些？

我国在高瞻远瞩制定保障粮食安全新战略的同时，更着力有针对性地采取重大的、有操作性的战略措施。

第一，坚持客观经济规律，强化粮食基础地位。强调粮食"重中之重"地位，建立健全"五大体系"，即：建立和加强确保粮食生产能力持续、稳定增长的生产体系；建立和健全确保粮食供应、灵活、高效率的市场贸易体系；建立和加强具有综合实力的粮食宏观调控体系；建立完善可提供综合信息的粮食预警报体系；建立援助弱势群体的社会保障体系。

第二，坚持以改革为动力，促进粮食产业转型升级。伴随农村经济改革的不断深化，对粮食流通改革的措施多、力度强、成效大，促使粮食产业转型升级。最根本的突破就是废除粮食指令性计划购销体制机制，转变为市场发挥配置粮食资源的决定性作用，同时更好发挥政府的作用。在创造公平、公正、公开市场竞争环境的同时，探索形成以市场为主形成价格的机制。

第三，坚持发展生产力，持续提高粮食产能。党的十一届三中全会以来，我国以改革解放生产力，以发展和创新提高生产力。主要措施就是把具有劳动能力的人和生产资料优化结合而形成更高的生产能力。充分发挥科技第一生产力作用，促进提高农业全要素生产率；提高主产区农民种粮的积极性和创造性；通过增强科技创新能力，保护和改善生态环境，提高土地利用率和产品优质率；加强农业基础设施建设，提高粮食的优质产能。

第四，坚持对外开放合作，扩大粮食资源配置。 我国从 20 世纪 80 年代初确立实施农业对外开放合作，取得巨大成效：一是积极妥善利用"两个市场、两种资源"，在更大更广的范围内配置粮食资源。二是积极采取"引进来"和"走出去"方针，从产品贸易到技术合作都不断取得新进展。三是积极探索把粮食产业链、供应链和物流链推向高端价值链。四是积极推进农业"一带一路"的合作，开拓创造新局面。五是积极扩大对外贸易，把国内优势农产品供应到国外市场上，同时进口国内需要的优质农业产品。

　　第五，坚持建立健全法规体系，加强法制保障。 为妥善处理改革开放和创建粮食市场经济体制中各方面的关系，我国始终注重粮食法制建设，建立粮食法律法规。制定了《粮食安全保障法》《粮食流通管理条例》《粮食收购条例》《粮食安全省长责任制考核办法》等。粮食行业的法制建设，为落实粮食安全新战略提供了法律保障。

 我国粮食安全的风险因素有哪些？

　　目前，我国的粮食安全状况是良好的，谷物基本自给、口粮绝对安全是有保障的。然而，我们必须常怀忧患意识和底线思维，清醒地看到隐伏的风险，即不安全因素：

　　一是，我国人口众多，低收入人口占大多数。 2020年，我国总人口已经超过 14 亿，人民生活实现了全面小康，但总体上人均收入水平还较低。根据 2019 年相关数据，全国有 6.1 亿人每个月人均收入近 1 000 元。尤其是刚脱贫的农民更需要一个巩固、提高的过程。民众口粮需求量巨大，饲料粮需求增长更快。

二是，我国人均农业资源量少，约束性较大。我国农业资源总量大，但人均资源量少，而且禀赋较差。尤其是淡水、耕地资源约束性还将会加重。我国人均耕地面积只有世界平均水平的1/3，人均水资源为世界平均水平的1/4。总的看，我国人均耕地、淡水资源占有量少，资源相对短缺，资源开发有效利用率不高。

三是，国际市场粮食贸易量有限。全球粮食年贸易量约2.5亿～3亿吨，不足我国粮食消费总量的一半，其中大米贸易量仅3 500万～4 000万吨，仅相当于国内大米消费量的1/4。当我国进口粮食数量增大时，往往产生"国际效应"，引起国际市场粮价飙涨。

四是，国内市场屡屡遭受冲击，影响粮食生产和就业。目前我国农业就业人口仍有1.94亿人之众，过多进口粮食必定会打压国内粮食市场，冲击本国粮食生产和农民就业。

此外，还必须严格防范生物风险。

 15. 为什么要牢牢把饭碗端在自己手上？

著名典籍《尚书·洪范》中的名言"洪范八政，食为政首"。它的意思是，治国有八种政务，首要的是确保"民食"，而且要确保"足食"。自古至今，广受遵循。即使在我国粮食取得"十七连丰"、产能稳定在6.5亿吨以上的形势下，中国人的饭碗，仍然必须牢牢端在自己手里。这是我国的国情农情粮情所决定的。

粮食的第一大功能，是作为民食，解决民众的吃饭问题。据第七次全国人口普查数据，我国现在总人口已超过

14 亿之众，随着总人口逐步增长，粮食需求量也快速增加；同时，民众的食物消费结构也不断改善，消费粮食等食物的质量也不断提高。根据农业农村部市场预警专家委员会的消费预测数据：到 2028 年，大米消费总量将达到 16 011 万吨；小麦和玉米消费总量将分别达到 13 968 万吨和 32 825 万吨。与此同期，肉蛋奶和水产品消费也快速增长，人均消费量增幅都很显著。预计中长期，我国粮食等大宗农产品消费需求都将呈刚性增长。

粮食的第二大功能，是作为饲料的原料，是现代畜牧业饲养的大量动物的"粮食"。2020 年，全国工业饲料总产量达到 252 761.1 万吨，同比增长 10.4%。其中，猪饲料总产量 8 922.5 万吨；蛋禽、肉禽饲料总产量分别为 3 351.9 万吨和 9 175.8 万吨；反刍动物、水产饲料总产量分别为 1 318.8 万吨和 2 123.6 万吨。据农业农村部市场预警专家委员会的预测数据：2025 年，我国工业饲料需求量将增长到 25 296 万吨，2028 年，将增长到 26 214 万吨。配合饲料的主要原料是作为能量主要来源的玉米和"三薯"，以及作为蛋白质成分主要来源的大豆粕。可见，发展现代畜牧业所必需的庞大数量的饲料，离不开粮食。近年来，我国饲料粮需求的增幅高于口粮的增幅。

粮食的第三大功能，是用作多种工业的原料。随着粮食属性的扩展，它的用途越来越多，除了口粮、饲料粮主要用途之外，玉米、大豆，以及"三薯"等，成为燃料乙醇、食品、医药等工业部门的原料。例如，玉米和"三薯"已成为新能源燃料乙醇的主要原料。再如，淀粉工业的原料完全来自玉米和甘薯、马铃薯。我国 2020 年玉米淀粉产量达到 2 700 万吨，广泛应用于食品业、淀粉糖和医药工业。

　　粮食问题不能只从经济上看，还必须从政治上、战略上看，只有立足粮食基本自给，才能掌握粮食安全主动权。我国有 14 亿人口，作为世界上人口第一大国，粮食安全，尤其是口粮绝对安全，是国家安全的重要基础，保障国家粮食安全具有极端的重要性。如果粮食出了问题，谁也救不了我们，只有把饭碗牢牢端在自己手中，才能保持社会大局稳定。我们必须居安思危、警钟长鸣，绷紧粮食基本自给、口粮绝对安全这根"弦"不放松。

16. 为什么必须建立谷物等农产品产需稳定平衡体系？

　　目前，我国粮食产需大体存在"三块版图"，第一版图：是余粮调出省份。调出省份的数量趋于减少，目前只剩有 6 个，它们一直是保障我国粮食安全的柱石和基础。第二版图：是缺粮调入省份，目前有 7 个。这些地区是我国经济发达、需求商品粮数量较多的地区，输入粮食的数量趋于增加，因而是我国保障粮食安全的重点地区。第三版图：其余的 10 多个省份，属于粮食基本平衡区域，近年来粮食自给水平趋于降低，具有较大发展粮食生产的潜力。

对上述三个农情和粮情各有特点、各不相同的区域，必须在推进农业现代化建设和实施乡村振兴战略的过程中，有针对性地精准施策，促使各个地区扬长避短、优势互补，建立健全国内粮食产需稳定平衡体系。

粮食等大宗农产品是人民群众的生活必需品，更是稳定粮食市场和稳定价格的拳头商品。其中，特别要把建立国内三大谷物产需稳定平衡置于优先位置，把食用油和肉蛋奶产需基本平衡置于重点位置。目前，从种植面积和总产量衡量，玉米、稻谷和小麦依次居全国第一、第二和第三位。稻谷、小麦主要用作居民的主食口粮，是我国粮食安全的核心和重心，必须保持绝对安全，自给率要保持目前的100%水平。玉米则主要用作畜牧业饲料和新工业原料，要保持其产需基本平衡，自给率在95%左右的水平。对居民日用生活品食用植物油，要通过广辟资源，包括增产大豆、油菜籽、花生乃至木本油料，扩大食用油总产能和油源，提升食用油自给水平。

 17. **什么是"粮食主权"？**

所谓"粮食主权"，也有人称为"食物主权"。它与"粮食安全"或"食品安全"具有不同的内涵。"粮食安全"是指所有人在任何时间任何地点都能在物质上、经济上获取安全的、能促进人体健康的粮食，而且获取的方式也是符合生态的可持续性。与此相对照，"粮食主权"强调的不是市场，而是一个国家自主、民主、科学地决定自己的粮食安全的权利。包括粮食生产、流通、供给和消费方针、政策的自主权。

坚守"粮食主权"，必须全面实现"五种权利"：①人民、国家和地区拥有自决权。所有的人民、国家和地区，都有权自主决定本地的农业和粮食生产、流通、供给和消费、生态安全的方针和战略，以及重大措施。只有如此，才能保证每个家庭、每个人得到优质、足够、健康的粮食及制品。②生产者的自主权。广大农民生产者都应该拥有自主管理生产经营和掌控生产资料的权利。这里的生产者包括农、林、牧、渔等领域的劳动者。③消费者的消费自主权。每个消费者应当充分享有有保障的、有益于健康的、合理的粮食的权利。这是广大消费者免受饥饿、改善膳食结构、拥有尊严的基本权利。④保护大自然的生态多样性权利。保护农业生态，保障物种、农业文化的多样性，是人类和自然可持续发展的必由之道。⑤反对和反抗的权利。人民有权反对和反抗各种损害自身权利的行为，包括反对跨国资本的控制与垄断，贸易保护主义和单边主义的欺凌和掠夺，维护农业生产者、消费者和经营者的自主权。

"粮食主权"是国家主权的一个重要组成部分。粮食生产、流通、供应和消费体系承载着国家安全、粮食安全、生态安全（包括物种安全）、历史、文化、知识和技能的传承等多重功能和价值。这些都是中国人民所依赖的、不可或缺的历史财富和公共资源。确保民众吃饱、吃好、吃出健康，是保证每个人必不可少的生存权。因此，决不能把粮食视为一种普通的商品，粮食是一种具有重要战略意义的特殊商品。基于此，在发挥市场决定性作用的同时，还必须使政府大有作为，确保国家掌握粮食主权。

 实施粮食安全主权的主要措施是什么？

　　坚持中国粮食道路，一个基本核心点就是牢牢掌握国家粮食安全主权。其本质就是，集中力量办好自己的事，以本国粮食产销、供求的确定性和稳定性，去应对世界市场的不确定性与不稳定性。为此，必须采取重大举措：

　　一要坚持新发展理念，坚持以人民为中心的"民本观"。只有从根本上解决好吃饭这个最大的民生问题，牢牢端稳中国人民的饭碗，才能稳稳把握本国的粮食主权。

　　二要造就现代职业农民大军。这是解决"谁来种地、种粮"的根本性举措。要通过多渠道、多形式培训和教育，造就有理想、有文化、懂农业技术、懂市场营销的现代职业农民，运用现代生产手段、经营方式，扩大适度规模经营，提高规模效益。

　　三要全面落实"藏粮于地""藏粮于技"的重大战略，

实施最严格的耕地保护制度，守护天下粮田，坚守18亿亩^①耕地红线不可逾越；同时，要运用先进农业科技，继续建设高标准农田，确保粮食生产的根基。

四要进一步深入推进以农业"供给侧"为主线的结构性改革，优化农业生产结构和产品价格，以适应粮食"需求侧"结构升级的需要。

五要开拓粮食多元化对外贸易格局。在坚持"立足国内、以我为主"和"适度进口"的大方针下，建立多元化农产品对外贸易格局，防止片面倚重少数国家和地区。

19. 什么是粮食生物安全风险？

说到粮食生物安全风险，人们还比较陌生。所谓生物安全，其核心是提高生物安全能力，即对生物风险的认识、评估、防范、化解和消弭能力。有效应对与生物因素密切相关的各种损害性、破坏性风险，以及维护和保障公民生命安全、健康安全、粮食安全乃至总体国家安全的状态和能力。

近年来，我国面临着越来越严峻的生物安全风险的挑战，在农业领域，农作物有害生物带来的危害也令人吃惊，世界常年发生农作物病虫害有1 700余种，发生灾害的作物面积超过4亿公顷次，威胁着世界粮食安全。目前，我国农业领域面临的生物安全形势也十分严峻，对粮食安全、生态安全和经济社会发展影响重大，亟待进一步加强管控和提高治理能力。

---

① 15亩＝1公顷。

怎样防范和监管粮食生物安全风险？

站在构建粮食"双循环"新发展格局的战略高度，依靠科技筑牢粮食生物安全风险的"防火墙"，构建粮食生物安全风险防控体系，意义深远重大。

首先，要加强顶层设计。 鉴于粮食生物安全风险的威胁来源多、时空广、频谱全，必须多管齐下应对挑战。必须注重从国家战略高度进行整体谋划、全盘考虑、全域防御，构建系统性、全局性的粮食生物安全风险防控和治理的战略设计及战略规划，明确维护粮食生物安全路线图，提供行动指南。同时，整合国家力量，加强对粮食生物安全的统筹协调和系统布局，并健全完善粮食生物安全科学高效的应对计划和应急救治机制。

其次，健全体制机制。 为达到并维护粮食生物安全的目标，必须采取重要措施健全和完善防控和治理体制机制。一是，加强集中统一、高效权威的组织领导。必须加强国家对粮食生物安全风险防控和治理工作的集中统一领导。二是，健全粮食生物安全制度保障机制，包括决策咨询制度、应急预演和救援制度、生物及其制品进出口的安全风险防范与控制制度、生物安全的国家报告制度等。三是，建立健全粮食生物安全预防预警监管机制。完善的粮食生物安全风险预防、评估和预警机制，能降低和减少生物安全事件发生的突然性。加强农业粮食生物安全风险防控和治理，主要内容包括：预防预警生物事件的发生、发展与成灾等态势分析，预测预警措施，以及筛选优化应对策略；健全粮食生物安全的审查和监管机制，从源头上预防和化解粮食生物安全风险。

 21. **保障粮食安全必须调动哪三个积极性？**

　　一是保护和调动广大农民种粮积极性。农业双层经营的家庭承包责任制的确立，本身就是最大的调动和激励农民积极性的根本改革和激励机制。进入21世纪以来，国家继取消农业税后，逐步建立和完善对农业的支持保护体系；采取"以工补农"、加大对农业的投入政策；实施生产者支持，加大转移支付和补贴力度；建立健全粮食最低价收购制度，保障种粮农民的收益；以及加强现代社会化、专业化服务体系建设等。通过这些重要措施，有力保护和调动起广大农民的生产积极性。未来，还必须采取更有力措施，更进一步保护和调动广大农民生产积极性和主动性。

　　二是保护和调动农业科技人员积极性。我国现在拥有各级农业科研和技术推广队伍，以及较完整的科研推广体系。21世纪以来，特别是党的十八大以来，国家出台了一系列激励农业科研人员创新的举措，推进事业单位改革，实行人员聘用制度；搭建科研成果交易平台，开展科研成果权益分享改革试点；在强化公益性职能的同时，放活经营性服务，允许科研人员和技术推广人员自主创业、持股兼职，充分调动科研人员的积极性。

　　三是保护和调动地方政府抓粮的积极性。目前，我国拥有三大粮食主产区：东北区、黄淮海区和长江中下游区。粮食主产区历来都是我国粮食安全的基地和商品粮的重要贡献地，是保障我国粮食安全的"压舱石"。据研究数据，黑龙江、吉林、河南和内蒙古等4省区粮食安全年均贡献率高达

44.1％。但是，长期以来存在一个问题，就是"产粮大县、财政穷县、农民贫县"，严重挫伤粮食主产区种粮积极性。要通过切实的财政金融措施，对粮食主产区加大支持和激励的力度，继续实施对产粮大县的激励政策，加大财政转移支付力度，探索建立对粮食产销区的利益补偿机制。

 22. 粮食安全省长责任制的主要内容是什么？

　　粮食安全省长责任制是国务院从粮食生产、流通、供应到消费等各个环节，对各省级人民政府在维护国家粮食安全的事权与责任方面建立的一项基本制度。《粮食安全省长责任制考核办法》，共有 10 个方面、29 项内容，旨在要求各省区市人民政府切实承担起保障本地区粮食安全的主体责任，全面加强粮食生产和稳步提高粮食产能，加强粮食储备和流通能力建设，从而确保国家粮食安全。

　　第一，强调树立粮食安全意识和责任感。实施粮食安全省长责任制，要强化粮食安全意识和责任；巩固和提高粮食生产能力；切实保护种粮积极性；管好地方粮食储备；增强粮食流通能力；促进粮食产业健康发展；保障区域粮食市场基本稳定；强化粮食质量安全治理；大力推进节粮减损和健康消费；强化保障措施和监督考核。在客观分析全国粮食供求长期处于紧平衡和国内粮食生产成本快速攀升、粮食价格普遍高于国际市场的情况下，特别强调要切实增强新形势下国家粮食安全意识，强调确保谷物基本自给、口粮绝对安全，把饭碗牢牢端在自己手上。这既是必须应对的重大挑战，又是必须完成的政治任务。各级领导要充分认识确保粮食安全的极端重要性和复杂性，进一步增强大局意识、责任意识，把保障粮食安全放在经济社会发展的突出位置，作为保障民生的基本任务，常抓不懈，毫不动摇，圆满完成。

第二，明确省级人民政府是本地区粮食安全的责任主体。粮食安全省长责任制明确规定，省级（自治区、直辖市）人民政府是保障本地区的粮食生产、储备和流通能力建设、维护国家粮食安全的责任主体，必须切实承担起"八大主体责任"：①稳定发展粮食生产，巩固和提高粮食生产能力；②落实和完善粮食扶持政策，抓好粮食收购，保护农民种粮积极性；③管好地方粮食储备，确保储备粮数量充足、结构合理、质量良好、调用高效；④实施粮食收储供应安全保障工程，加强粮食流通能力建设；⑤深化国有粮食企业改革，促进粮食产业健康发展；⑥完善区域粮食市场调控机制，维护粮食市场稳定；⑦健全粮食质量安全保障体系，落实监管责任；⑧大力推进节粮减损，引导城乡居民健康消费。

第三，强调着力巩固和提高粮食产能的基础。粮食安全省长责任制提出要采取必要措施，着力巩固和提高粮食产能。主要包括：一要坚决守住耕地红线。落实最严格的耕地保护制度，确保现有耕地面积基本稳定、土壤质量不断提高。二要加快建设高标准农田。按期完成全国高标准农田建设总体规划确定的建设任务。三要提高粮食生产科技水平。将提高粮食单产作为主攻方向，加大财政投入，鼓励引导社会资本参与粮食生产科技创新与推广运用，努力提高科技对粮食生产的贡献率。四要建立新型粮食生产经营体系。积极培育种粮大户、家庭农场、农民合作社、农业产业化龙头企业等新型粮食生产经营主体。五要增强粮食可持续生产能力。发展"节水农业"和"旱作农业"，推广节能技术和测土配方施肥，坚决制止过度开发农业资源、过量使用化肥农药农膜和超采地下水等行为。

第四，全面规定了责任主体的主要责任。①在党政同责下省长还担负如下责任：深化国有粮食企业改革，促进粮食产业健康发展；完善区域粮食市场调控机制，维护粮食市场稳定；健全粮食质量安全保障体系，落实监管责任；大力推进节粮减损，引导城乡居民健康消费。②根据主产区、主销区和产销平衡区的不同特点，有针对性地明确了各地在粮食生产方面的责任。在切实保护种粮积极性方面，要落实和完善粮食扶持政策，抓好粮食收购，努力提高种粮比较收益。③要提高补贴的精准性、指向性，要严厉打击"转圈粮"和"打白条"、压级压价等坑农害农行为。在管好地方粮食储备方面，要抓紧充实地方粮食储备，确保数量充足、结构合理、质量良好、调用高效。④要加强粮食生产指导、重大技术推广、环境监测治理、统计信息服务、行政执法和监督检查、质量安全监管、农业投入品监管等方面的工作力量。各级财政要继续支持保障粮食安全的相关工作。粮食主销区和产销平衡区要及时足额安排粮食风险基金。地方各级人民政府要落实农业、粮食等相关行政主管部门的职责任务。

 23. 怎样考核粮食安全省长责任制？

2015 年 1 月 22 日，国务院发布了《关于建立健全粮食安全省长责任制的若干意见》，对建立健全粮食安全省长责任制作出全面部署。2015 年 11 月 3 日，国务院办公厅发布《关于印发粮食安全省长责任制考核办法的通知》（以下简称

"考核办法"），明确粮食安全省长责任制考核主体、原则、内容、程序和结果运用等事项，对建立粮食安全省长责任制考核机制做出全面部署。按照国务院的部署，国家发展和改革委员会、国家粮食和物资储备局会同有关部门定期组织、对各省区市人民政府落实粮食安全省长责任制情况进行考核。

为了全面彻底贯彻落实粮食安全省长责任制，考核办法对建立粮食安全省长责任制考核机制做出了全面安排：首先，明确国务院作为考核主体。考核内容涵盖了各省区市人民政府应承担的粮食生产、流通、消费等各环节的粮食安全责任落实情况，并且进行年度考核。其次，明确考核任务的承担者。由国家发展和改革委员会、农业农村部、国家粮食和物资储备局会同有关部门组成考核工作组负责具体实施。考核工作组办公室设在国家粮食和物资储备局，承担考核的日常工作。再次，明确各项考核内容。主要包括增强粮食可持续生产能力、保护种粮积极性、增强地方粮食储备能力、保障粮食市场供应、确保粮食质量安全和落实保障措施等6个方面。每个方面又进一步规定出定性和定量的具体指标。考核内容包括按照保障粮食安全的要求，落实农业、粮食等相关行政主管部门的职责任务，确保责任落实、人员落实。重点考核事项还包括加强粮食风险基金管理和落实工作责任。

以2020年度粮食安全省长责任制的考核为例，由国家发展和改革委员会、农业农村部、国家粮食和物资储备局等11部门单位联合印发《关于2020年度认真落实粮食安全省长责任制的通知》，突出抓五方面的年度重点任务的落实情况，要求各地各部门认真落实中央的决策部署，扎实推进粮食安全省长责任制年度重点工作任务，确保国家粮食安全战略顺利实施。五个方面的年度重点任务落实：一是增强粮食综合生产能力；二是保持粮食播种面积和产量基本稳定；三是加强粮食储备安全管理；四是做好粮食市场和流通的文章；五是加强粮食应急保障能力建设。

按照国务院部署，自 2016 年以来，由国家发展改革委等 11 个国家有关部门和单位组成的考核工作组，已进行了四个年度的考核，考核效果"一年比一年好"：充分调动了各地区"重农抓粮""保供稳价"的自觉性和积极性；顺利完成全国政策性粮食库存数量和质量大清查任务；进一步加快构建中央储备垂直监管体系；全面加强了粮食收购监管工作；实现了政策性粮食销售出库平稳有序；大幅提升信息化监管效能，创新粮食监管方式，加快实现信息化监管。

 24. 什么是粮食储备制度和储备体系？

中国自古以来就有储粮"备战备荒"的悠久传统。新中国成立后，在 20 世纪 50 年代就着手建立粮食储备。早在1954 年，我国政府就决定：国家必须储备一定数量的粮食来应对灾荒等意外事件的发生。这部分用来应对严重灾荒的粮食被称为"甲子粮"，是构成中国粮食储备的重要部分。1962 年，中央又明确指示，建立国家粮食储备，做到年年储一点、逐年增多，建立以备战为目的的军用"506"战略储备粮。从 1962 年到 1965 年，粮食生产得到恢复，国家和社会的粮食储备，以及备战粮食的规模不断增加。至此，新中国成立初期的粮食储备由三个部分组成：一是

"甲子粮";二是"506"粮;三是商品库存粮,实际上就是用于企业的周转储备。总体上看,当时国家的粮食储备是薄弱的。

我国真正开始建立现代粮食储备制度和储备体系,是以1990年国务院颁布《关于建立国家专项粮食储备制度的决定》发端的。此后,我国成立了国家粮食储备局,建立了国家粮食垂直储备新体系,制定了粮食储备管理新法规等。2003年,国务院又颁布了我国第一部规范中央储备粮管理的行政法规——《中央储备粮管理条例》。世纪之交,中央决策组建中国储备粮管理总公司,对中央储备粮实行垂直管理。从2015年开始,我国增加了地方粮食储备规模。经过几十年的改革和发展,在中国已形成现代专项粮食储备制度和粮食垂直储备体系:以港口为粮食物流枢纽、以各级粮食中心库为节点、以遍布全国的粮食收纳库为基础,以中央储备粮为主体、地方各级政府粮食储备相配套、粮食企业库存和农户存粮相结合的国家粮食储备体系。

我国的粮食储备制度和储备体系的特色是什么?

　　我国的粮食储备制度和储备体系,已进入到体制顺、运行稳、作用大的轨道,担当着"收好粮、储好粮、卖好粮",守住管好"天下粮仓"的重大使命。粮食储备制度和储备体系的特色:①建立了高效精干的中储粮管理机构和专业队伍,同时建立了一批粮食仓储企业,形成了中央、省、县(市)三级储备体系。②建立了数量充裕、结构合理的粮食储备。其结构包括小麦和稻谷等两大品种,还有玉米、大豆,以及应对严重自然灾害的赈灾应急的成品粮油等。③新建和改造了一大批新型现代化粮食仓库,布局在全国城乡,总数达1.9万多个,粮食仓容总量超过9.1亿吨。④实施现代保鲜型绿色生态储粮技术。确保数以亿吨的储备粮质量好、损耗低,有效保证了储备粮油的质量。这种智能化储粮的覆盖率高达98%,储粮宜存率高达95%,粮食损失率不到1%,居世界先进水平。⑤积极推动粮食立法修规和建立储备法规。我国不断健全和完善国家储备粮管理制度、法规,以及监督检查条例等。通过完善粮食储备法律法规,加快提升依法管粮管储水平,依靠法治手段确保储粮安全。

26. 2021年新修订的《粮食流通管理条例》意义是什么?

　　从改革开放以来,中央高度重视加强粮食法制保障。迄今,我国建立健全法律法规体系,制定了《粮食流通管理条例》《粮食收购条例》《粮食安全省长责任制考核办法》等。

我国于 2004 年 5 月 26 日制定第一部《粮食流通管理条例》（以下简称《条例》）；2013 年 7 月 18 日，对《条例》进行第一次修订；2016 年 2 月 6 日，对《条例》进行第二次修订；2021 年 2 月 15 日，对《条例》进行了第三次修订，不断把我国粮食流通依法治理推进到新阶段。

将进一步确保国民端牢饭碗。2021 年《条例》的实施，进一步明确了各省区市的各级党政领导保障粮食安全的政治责任；进一步严格政策性粮食管理，大幅度提高了违反粮食法律法规行为的处罚数额，加大了粮食经营企业领导者个人违法的责任；进一步健全粮食市场供求形势监测和预警体系；特别是有效加强宏观调控，有效防范粮食安全风险的挑战，确保全国人民端牢手上的饭碗。

将进一步推动粮食高质量发展。2021 年《条例》的实施，进一步紧扣"十四五"粮食高质量发展的主题，探索产业化、融合化发展新途径，支持集粮食生产、收购、储存、加工和销售一体化的全产业链新型企业；加强科技创新驱动，创新转型升级、提质增效新机制，提高全要素生产率；推动粮食企业绿色生产、绿色加工、绿色储存、绿色消费。通过这些措施，推动粮食质量变革、效率变革和动力变革，迈向高质量发展的轨道。

将进一步弘扬核心价值观。2021 年《条例》的实施，开宗明义为保护粮食生产者的积极性，促进粮食生产，维护经营者、消费者的合法权益，杜绝违背民众意愿、危害民众权益的行为，坚持人民群众利益至上，保障进一步为耕者谋利和为食者造福，进一步增强人民群众的获得感、幸福感和安全感。《粮食流通管理条例》的修订、规范和实施，开启了我国粮食流通依法治理的新阶段，提升我国粮食流通依法治理的现代化水平。

 27. **2021 年的《粮食流通管理条例》进行了哪些修订？**

2021 年 2 月 15 日对《粮食流通管理条例》进行了第三次修订，在内容上主要有五个方面的修改、规范和加强。

第一，确立"党政同责"的管理新体制。《条例》（2021）指出："米袋子"省长要负责、书记也要负责。明确规定省、自治区、直辖市应当落实粮食安全"党政同责"，完善粮食安全省长责任制，承担保障本行政区域粮食安全的主体责任。这是一项健全完善粮食管理体制的、重大的新内容。

第二，建立粮食流通信用监管制。《条例》（2021）取消了粮食收购资格行政许可，强化了粮食流通的事中、事后的监管措施，专门建立起粮食流通信用监管制度，进一步优化营商环境。这是一项改进粮食流通监管制度的重要改革。

第三，规范了粮食流通的监管内容。《条例》（2021）系统地完善了粮食流通各类主体在政策性粮食管理、粮食流通等方面的经营行为规范，完善了粮食质量安全、粮食节约和减损等方面的权利义务规范。此外，还细化规定了粮食流通的禁止性行为。《条例》（2021）特别优化了对粮食流通的监管措施，强化了对粮食质量的安全监管，明确了省区市的粮食安全"党政同责"的管理职责。这是攸关粮食管理体制的重大改革。

第四，规定了节粮减损的标准和技术规范。《条例》（2021）从多方面制定措施，强化粮食流通各环节节粮减损；强化节粮减损法治保障和科技支撑；强调节粮减损必须全社会共同行动，加强爱粮节粮的宣传教育。同时，《条例》（2021）还规定仓储设施应当符合有关标准和技术规范，国家鼓励和支持开发、推广应用先进的粮食储存、运输、加工和信息化技术，既减少储粮和运粮的损耗，又提高粮食加工成品粮出品率，以及粮食加工副产物资源化的综合利用率。

第五，明确了法律责任追究。《条例》（2021）通过定额、倍数等不同罚则的设定，全面强化对粮食流通违法违规行为的法律责任追究。特别是对于情节严重的粮食流通违法违规行为，要求直接对相关企业的法定代表人、主要负责人、直接负责的主管人员和其他直接责任人员个人进行处罚。所谓定额、倍数等不同罚则的设定，其实就是提高粮食经营者的违法成本，加大对违法行为的惩处力度。

《粮食流通管理条例》（2021）明确职责，凡从事粮食收购、销售、储存、运输、加工、进出口等经营活动者，都应当自觉从"国之大者"的政治高度，把《条例》（2021）贯彻好、实施好，全面严格公正执法，维护好粮食流通市场秩序，把国家粮食安全置于更牢固的法制保障基础上。

28. 什么是中央储备粮？

中央储备粮，是指中央政府储备的、用于调节全国粮食供求总量，稳定粮食市场，以及应对重大自然灾害或者其他突发事件等情况的粮食和食用油。中央储备粮是关系国计民生和国家经济安全的重要战略物资。中央储备粮创建于2000年5月18日，成立了中国储备粮管理总公司，简称"中储粮总公司"，它标志着中央储备粮垂直管理体系正式建立。2017年10月中国储备粮管理总公司更名为中国储备粮管理集团有限公司。

中储粮总公司是经国务院批准组建的涉及国家安全和国民经济命脉的国有大型重要骨干企业，是国家授权投资机构的试点单位，享受国务院确定的国有大中型重点联系企业的有关政策，在国家计划、财政中实行单列。中储粮总公司实行董事长负责制，董事长为总公司法定代表人。受国务院委托，中储粮总公司具体负责中央储备粮（含中央储备油，下同）的经营管理，对中央储备粮的总量、质量和储存安全负总责，同时接受国家委托执行粮油购销调存等调控任务。中国储备粮管理集团有限公司为专门储存中央储备粮的央企，在国家宏观调控和监督管理下，实行自主经营、自负盈亏。总公司主业范围是：粮油仓储、加工、贸易及物流，仓储技术研究和服务等。中储粮总公司实行两级法人、三级管理制度，是国家调控粮食市场的重要载体。

 29. **《中央储备粮管理条例》实施的意义是什么？**

为了加强对中央储备粮的管理，保证中央储备粮数量真实、质量良好和储存安全；也为了保护农民利益，维护粮食市场稳定，以及有效发挥中央储备粮在国家宏观调控中的作用，国务院 2003 年 8 月 15 日制定发布、并实施了《中央储备粮管理条例》（以下简称《条例》）。2011 年 1 月 8 日，又公布了对《条例》的第五十七条和第五十八条的修改稿。

《中央储备粮管理条例》是我国建立中央储备粮管理体制以来出台的第一部行政法规。它包括 7 章、60 条，主要内容是：在第一章"总则"中，明确了建立中央储备粮的宗旨、性质、体制等。从第二章到第六章共用 5 章的篇幅，规定了中央储备粮的计划、中央储备粮的储存、中央储备粮的动用、监督检查和法律责任等管理制度即监管办法。第七章是"附则"，明确地方储备粮的管理办法，可由省、自治区、直辖市参照本《条例》制定。

《条例》明确粮食储备方案的制定单位。即：中央储备粮的储存规模、储存品种，以及总体布局方案，由国家发展和改革委员会、财政部、国家粮食和物资储备局等职能部门，根据国家宏观调控需要和财政承受能力提出，报国务院批准。中国储备粮管理总公司为专门储存中央储备粮的央企。

《条例》提出中央储备粮管理的原则。即：中央储备粮管理工作"三个严格、两个确保"。所谓"三个严格"是严格制度、严格管理、严格责任。所谓"两个确保"是数量真实和质量良好，确保国家急需时调得动、用得上，维护国家粮食安全。

《条例》的颁布有利于保持中央储备粮管理有关政策和措施的稳定性和连续性；有利于理顺中央储备粮经营管理中的权责关系，保护国家、地方和经营者等有关各方的合法权益。同时，它为在中央储备粮管理中出现的违法行为进行处罚提供了法律依据，也为坚持依法行政和推动地方储备粮立法奠定基础。

 30. 《政府储备粮食仓储管理办法》的主要内容是什么？

为落实粮食储备体制机制改革精神，聚焦国家储备安全核心职能，进一步规范和加强政府储备粮食仓储管理，国家粮食和物资储备局于 2021 年 1 月 27 日印发《政府储备粮食仓储管理办法》（以下简称《办法》）。

《办法》共包括 4 章、44 条。第一章总则，共 8 条，要点如下：①制定本《办法》的宗旨及其根据。其宗旨在于保障政府储备粮食安全，加强政府储备仓储管理，确保政府储备在仓储环节数量真实、质量良好、储存安全、管理规范。②规定了责任主体。即"中国储备粮管理集团有限公司直属企业为专门储存中央储备的企业，不得委托代储或者租赁其他单位的仓储设施储存中央储备"。地方储备承储单位根据粮食事权归属由各地具体规定。③规定了职能部门的重要职责。国家粮食和物资储备行政管理部门，制定政府储备仓储管理全国性政策和制度并组织实施，开展业务指导。各垂直管理局依据职能在管辖区域内开展相关工作。④规定了仓储企业的各项责任。政府储备的管理应当做到数量、质量、品种、地点四落实，实行专仓储存、专人保管、专账记载，确保账实相符、账账相符。

《办法》第二章到第三章共 30 条，对"政府储备"的基本要求和管理规范作了详细规定。①对"政府储备"承储单位规定：要实行分类管理；要加强对政府储备的仓储管理，提升规范化水平；要履行仓储物流设施的保护义务；要配备经过专业培训，掌握相应知识和技能的仓储管理、质量检验等专业技术人员；相关人员应为本单位在职职工、且必须遵守粮食质量安全管理相关法律法规、制度和标准规范。②对于规范管理方面做出如下规定：政府储备承储单位要执行国家有关标准规范和相关规定要求，并接受业务指导和监管；要对政府储备实行专仓储存，在仓外显著位置悬挂或者喷涂规范的标牌或者标识，标明储粮性质，体现粮权所属；要按照不同品种、年份、等级、性质、权属，采用独立仓房分开储存（洞库、地下仓分货位储存），不得与其他粮食混存。仓号一经确定，在储粮周期内不得变动；要严格执行政府储备计划，确保数量、质量、品种、地点四落实。未经粮权单位（或授权管理部门）书面批准同意，不得擅自动用政府储备，不得擅自调整质量等级，不得擅自串换品种，不得擅自变更储存库点；要坚持以防为主、综合防治方针，落实储粮有害生物综合防治要求，规范储粮药剂管理和使用，促进用药减量增效，着力实现绿色储粮。此外，《办法》还对"政府储备"的轮换期限、水分、温度、品质，以及仓储设施的技术标准都做出明确规定。

31. 为什么要守住 18 亿亩耕地"红线"？

我国幅员辽阔，国土面积广袤。但是，我国耕地占国土总面积的比例并不大，且禀赋也不算高。总体看，我国土地具有下列基本特征：整体性、生产性、有限性、固定性、生态属性和社会属性。这些基本特性表明，土地是一种稀缺性自然资源，对人类生存来说是最基本、最广泛、最重要的资源，也是农业产业发展的基础资源。

它是确保农业根基和粮食安全的需要。耕地是土地中的精华，随着农业产业的发展，耕地更成为不可缺少的稀缺资源。然而，我国珍贵的耕地"非农化"和"非粮化"的"二非化"现象屡禁不止。遏止耕地"二非化"倾向的措施不严、不细、不实，这不仅损害农业生产，而且侵犯了农民合法权益。耕地减少过快，一方面导致粮田面积缩减，另一方面造成大量农民失去土地，给农村社会稳定埋下隐患。造成我国耕地大量减少的主要原因是生态退耕、非农建设占用、农业结构调整，以及灾害损毁等因素。其中，由于国家建设和保护生态的需要，有些占用土地是必须、必然的。但是，也有相当大部分是非法滥占的耕地资源，这对我国耕地的数量、质量、农村经济条件和环境效应都会产生消极影响。基于这些原因，采取严格保护耕地、严格节约耕地的措施，既有利于保护农业的基础性资源，又有利于保护农民权益、维持农村社会的稳定。为确保实现"谷物基本自给，口粮绝对安全"，必须落实最严格的耕地保护制度。

 32. 怎样守住、守牢 18 亿亩耕地"红线"？

守住、守牢 18 亿亩耕地"红线"，是一项涉及面广、关系发展全局的大事，必须采取重大措施，在落实上下大功夫。特别是要狠抓建章立制、加强监督机制，确保守住全国 18 亿亩耕地"红线"。

其一，完善耕地保护机制，落实耕地保护责任制。通过建立健全以政府为主导的耕地保护责任体系，层层签订耕地保护目标责任书，进一步明确耕地保护措施、责任和目标，形成耕地管理保护网络，把耕地保护责任落实到位。要严格守住、守牢 18 亿亩耕地"红线"；同时确保 15.46 亿亩永久基本农田，主要种植粮食等作物；以及 2030 年加速建成 12 亿亩高标准农田。这样，严防死守住耕地"红线"，就揽紧了自己的"粮袋子"。

其二，建立严格的准入制度，遏制耕地流转中的"二非化"倾向。职能部门要不断规范耕地流转的公开程序、拓展公开渠道、丰富公开内容；同时，要进一步完善土地监管、信息服务、政策指导、权利保障等管理制度，依法扎实推进农村耕地信息公开工作。更重要的是，要通过明晰农地的各项权能，破解"二非化"难题。深化农地产权制度改革，明晰其各项权能，建立完善的土地流转机制和企业责任追溯机制，对违规审批、包庇违法行为、篡改伪造耕地数据等各种违纪犯法的当事人，进行问责和惩处。

其三，要建立动态监督制度，抑制工商资本进入农业的负面影响。有的工商资本进入农村后，为追求利润最大化往往非法进行耕地"非农化"和"非粮化"。针对这种现象，需要建立分级审查备案和监督制度，严格监控和防止工商企业下乡"圈地"和套取国家补贴，乃至随意改变农地用途等违规行为。为此，必须继续保持高压态势，强化执法监察，遏制耕地"非农化"和"非粮化"。还必须坚持实行耕地节约、集约方针，耕地总量控制、用途合理管制，以优化土地利用结构和布局，既保障城市发展必需的建设用地，又要合理节约土地。此外还要落实耕地"增存挂钩"措施，加快处置"批而未供"和闲置土地，规范闲置土地处置和土地公开出让行为。

其四，建立风险保障金制度，防止农民土地权益遭受损失。除了加强农业基础设施建设，加快培育新型农业经营主体，积极探索保障种粮农民利益的新机制外，还需要探索农地承包经营权的改革措施，对在城市有稳定职业和居所的农民，若本人愿意，可以有偿退出其农地承包经营权，但转让范围应仅限于本集体经济组织范围内，这样更有利于消除耕地"二非化"现象。

总之，要强化责任意识、担当意识、法治意识，形成"守土有责、各负其责、履职尽责、失职追责"的责任制。

守住、守牢 18 亿亩耕地"红线"，就保障了粮食安全的基本资源基础。

33. 什么是"藏粮于地"新理念？

粮产于地，地为粮基。假若失去"天下粮田"，那么我国的粮食生产就成为"空中楼阁"。人类把土地视为自己的母亲，保护耕地资源，就是保护"口粮田"和"命根子"。只有实行最严格的耕地保护制度和耕地节约制度，才能确保人类"生存之母"，有地种粮、有地产粮，也才能把 14 亿人口的饭碗装进由中国自己的土地上生产的粮食。

积极落实"藏粮于地"的新理念，基本目标可以概括为两方面：一方面，有力守住"永久基本农田"数量不减少，保住"饭碗田"，筑牢粮食安全底线；另一方面，有效改善农田基础设施条件，提升耕地禀赋，提高耕地产出率和产品优质率。"藏粮于地"和"藏粮于技"是中央对确保粮食产能的新思路，是国家"十三五"规划中的新举措。它意味着我国粮食发展指导思想的转变，由偏重于一味追求粮食产

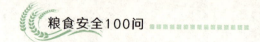

量，转变为数量质量并重、质量优先的理念；稳定和持续增加农业粮食产能，保护生态环境，促进可持续稳定增长。这为落实"藏粮于地"新理念指出了方向和路径。

首先，必须建立和实行最严格的耕地保护制度和耕地节约制度。各级政府部门、相关社会组织、广大民众，以及相关市场主体都必须切实树立"保护耕地，人人有责"的意识，以实际行动爱惜土地、保护耕地、节约用地。其次，以法律法规为武器，严禁把耕地非法变为非农用地，彻底清理"大棚房"和占用耕地建民房的违纪行为，确保任何时候都要稳定粮食播种面积和产量。再次，要有针对性地采取重大措施，主要包括：按照国家"十三五"规划的建议，大规模推进农田水利、土地整治、中低产田改造和高标准农田建设；加强粮食等大宗农产品主产区建设，探索建立粮食生产功能区和重要农产品生产保护区。最后，积极提升农业的标准化和信息化水平，健全农业社会化服务体系，推广现代农业科技创新成果，以及提供专业咨询服务，确保全国"永久基本农田"的"红线"，守得住、守得牢。

 34. 什么是"藏粮于技"新举措？

实施"藏粮于地"与推进"藏粮于技"新理念是相辅相成、相得益彰的。前者的目标重在"保量"；后者重在"提质"，即改善、优化耕地禀赋，提高土地质量等级。实施"藏粮于技"，充分发挥科技创新的驱动力，提高土地质量等级，提高耕地产出率和产品优质率，最终实现现代农业内涵式发展道路。

为实施创新驱动和"藏粮于技"战略，农业农村部每年组织开展10项引领性技术集成示范活动，着力从根本上解决引领转型的重大突出问题，有力推动了"藏粮于技"战略的落实。

实施"藏粮于技"，可选择多项措施并用，把良种、良法和良技结合起来。例如，促进发展智慧化、信息化农业产业，实现定量、全面、立体化获取农情数据。要提高生产要素的科学利用水平，包括：推广良种、良法、良技，提高普及率；合理施用肥料、水和农药，可依据气候条件、土壤信息、品种特性、植物长势等来确定施用的结构和数量，开具种、肥、水、药的"配方"。同时，研发智能化农机装备，并将农机、农艺与信息技术融合，给农田装上智能化控制系统，实现精确播种、施肥、施药、灌溉和收获，既省成本，又增产增收，效果非常明显。

实施"藏粮于技"，当前必须抓紧哪些科技行动？

一是集中力量实施关键技术集成行动。 近 10 年来，我国水稻、小麦、玉米、大豆等四大粮食作物单产进入徘徊期，作物遗传增益不足 0.8%。基于此，实施"藏粮于技"的重大任务就是集中力量，重点开展育种技术提升、重大自主品种培育、高效精准栽培、绿色丰产关键技术等四大集成科技行动。其重点是提高粮食单产水平，以支撑保障我国水稻、小麦口粮绝对安全，玉米基本自给，大豆自给率逐步提升，其中食用大豆完全自给。

二是实施战略性技术创新和持续协同攻关。 目前，化肥、农药等投入量过大，水土资源利用效率低下，秸秆、畜禽粪污、农膜循环利用率低，造成面源污染等，已成为制约农业可持续发展的严重障碍。实施"藏粮于技"的另一重大任务就是，开展农业绿色发展核心关键技术、前沿技术、配套技术、共性技术和战略性技术创新和持续协同攻关，提升耕地质量，提高水、肥、药的利用效率，减少氮肥施用量，提升秸秆、畜禽粪污资源化利用率和农膜残留防控水平。

 大规模建设高标准农田的重大意义是什么？

中央确定和实施建设高标准农田的战略性举措，并且把这一举措提升到加强国家粮食安全保障能力的高度，还确定了实施和完成的"时间表"和"路线图"。到 2022 年全国将建成高标准农田 10 亿亩，以此可以稳定保障粮食产能在 1

万亿斤^①以上，约占我国粮食总产量的 80%。建设高标准农田具有深远的战略意义。

这是加强保障国家粮食安全产能的必要基础。谷从土里生，耕地是基础。作物有生命，需要好土壤。建设高标准农田，就是进一步加强保障国家粮食安全的基础，也是守住"谷物基本自给，口粮绝对安全"的战略底线。把关系 14 亿人口粮食安全的耕地保护好、建设好，使之成为"旱能灌、涝能排、林成行、路成网"、稳产高产的高标准农田，就能确保稳定增长粮食产能，还能改善农村环境，让广大乡村变成"看山望水记乡愁"的美丽家园。

这也是推动农业转型升级的有效手段。通过建设高标准农田，不仅可以为绿色技术的推广创造条件、推动农业绿色发展，而且还能以规模化高标准农田替代碎片化零散的地块，有利于改善农业的规模效益，提升农业现代化、组织化程度，推动农业发展转型升级，促进小农户与现代农业的有机衔接。

这还是提高农业科技进步率的必须。通过建设高标准农田，能够改善农业生产条件，增强农业抗御自然灾害能力；还可以提高粮食综合生产能力，保障粮食安全和主要农产品有效供给；更能够保护改善生态环境、有力地促进了农业可持续发展。

 37. 建设好高标准农田的主要内容是什么？

实施高标准农田建设举措，是促进粮食高质量发展的基

———————

① 1 斤＝500 克。

础性建设工程。为此，要在提高认识的基础上，坚持统筹协调、坚持突出重点、坚持连片开发、坚持综合治理、坚持多元投入、坚持机制创新等基本原则。

建设高标准农田的主体，主要分为田间基础设施工程、地力建设工程和科技支撑工程。其中田间基础设施工程主要包括田网、渠网、路网、电网等建设，地力建设工程是开展土地平整、土壤改良与地力培肥建设，而科技支撑工程是包含水肥一体化智能灌溉施肥、生长环境智能化监测、生产管理信息化与农业物联网技术的集成。建成的高标准农田还涉及田、土、水、路、林、电、技、管等8个方面。其具体的建设内容包括：整治田块、改良土壤、建设灌排设施、整修田间道路、完善农田防护林与生态环境保持体系、配套农田输配电设施、加强农业科技服务、强化后续管护等。

按照农业农村部制定的规划，高标准农田建设应提高土地的等级，达到"田地平整肥沃，水利设施配套，田间道路畅通，林网建设适宜，科技先进适用，优质高产高效"的总体目标。按照这一总目标进行建设，要消除制约农业生产的关键障碍因素，增强抵御自然灾害的能力，稳步提高农业、特别是粮食综合生产能力，达到旱涝保收、高产稳产的目标；农田基础设施达到较高水平，田地平整肥沃，水利设施配套，田间道路畅通；因地制宜推行节水灌溉和其他节本增效技术，农田林网适宜，区域农业生态环境改善，可持续发展能力明显增强；推广优良品种和先进适用技术，农业科技贡献率明显提高，主要农产品市场竞争力显著增强；建设区达到优质高产高效的目标，取得较高的经济、社会和生态效益。

高标准农田建设的主要标准有哪些?

① 在农田水利工程方面,要积极地高质量实施节水灌溉工程,大力推广渠道防渗、管道输水、微灌喷灌、覆膜沟播、适水种植等综合节水技术,以及发展旱作农业技术,提高水资源利用效率。②在农业措施方面,要广泛采取科学施肥、秸秆还田,以及合理耕作等多种措施,以有效改良土壤。同时,还要完善良种仓库、晒场等配套设施,建立高标准的良种繁育基地,确保项目区良种覆盖率达到100%。③在田间道路工程方面,需要配套完善农田道路体系,便于农业机械行驶。④在林业措施方面,按照"布局合理、乔灌结合、功能齐全、质量提高"的要求,在项目区的沟、渠、路旁和其他适宜的地方种植树木,实现农田防护林网格化。⑤在采取有效措施方面,鼓励和吸引农业科研单位和农技推广服务机构,为农民开展科技示范、培训和指导,推广优良品种和先进适用技术,发挥科技进步对农业生产、特别是粮食增产的支撑作用。

什么是"绿色生态农业"?

"绿色生态农业",主要是指对传统的种植业的革新和创新。传统种植业的特点是,以水土为基础,并且以充分的热量和施肥为条件进行的生产过程。与此相对照,绿色生态农业对传统种植业的生产方式进行了改革。其发展方向是注重利用生态农业技术和可持续发展技术,注重种子优良化、施肥合理化、管理科学化，促进物质能量高效循环，保持环境、生态与经济的协调发展。通过农业科技革新与进步，充分开发耕地和淡水资源，提高种植业的生产效率和效益，从而赋予传统种植业发展新动力、新效力和可持续发展的新前景。

在新发展观的引领下，我国"绿色生态农业"发展成效显著。从党的十八大以来，我国绿色兴农兴粮之路越走越宽广，正重回绿色的本色：一是实施化肥"减施增效"、绿色防控和果菜茶有机肥替代等重大行动。近年来，在全国推进了300个化肥减量增效示范县、175个果菜茶有机肥替代化肥示范县，以及150个病虫全程绿色防控示范县建设。二是大规模推广作物专用配方肥、缓释肥、生物有机肥新技术；普及配方施肥、机械施肥、种肥同播、水肥一体等施肥新方法。三是"统防统治、统配统施"的面积不断扩大，化肥农药施用量连续减少，利用率不断提高。四是治理养殖污染，粪污变废为宝。目前在全国创建了一大批农村绿色发展先行示范区，普遍开展了农业面源污染综合治理，完善以绿色为导向的农业补贴制度，以及推动建立农业绿色发展的金融、信贷、用地和用电等配套政策，产生了良好效果。农业产量越来越高，排放的污染物越来越少，绿色的底色越来越亮；质量兴农兴粮、效益兴农兴粮、绿色兴农兴粮的趋势越来越加强，对提高粮食安全质量的作用不断强化。

 40. **什么是"蓝色生态农业"？**

"蓝色生态农业"，主要是指科学化、综合化开发利用广袤丰富的海洋资源宝库，振兴包括优质水产品在内的蓝色海洋经济。海洋资源是世界上最丰富的资源，积极开发利用海洋资源将是保持农业可持续性发展的重要举措。我国传统意义上对海洋的开发利用是很粗放的，多是捕捞或近海养殖。振兴"蓝色生态农业"，是指以运用现代海洋科技知识为手段，以广阔海洋为基础，对海洋和浮游生物等资源进行综合利用的特色农业。把无垠的海洋当"良田"，对于弥补我国耕地资源不足、增产丰富多彩的海洋产品，具有极大作用。

促进"蓝色生态农业"持续健康发展，必须采取重大措施：①准确、全面、完整的贯彻落实新发展理念，注重生态发展、绿色发展和可持续发展。②以"需求侧"结构升级为导向，以"供给侧"结构改革为主线，调整和转变我国的"蓝色农业"结构。③加强科技创新，既强化高新技术攻关应用研究，又加强相关理论研究。集中人力、物力和财力，重点突破一些关键性理论课题和技术措施。④实施良种工程，不断推出养殖新良种，从根本上解决目前因种质衰退而造成的问题。⑤从改善我国人口营养结构出发，大力发展水产品加工业，提升"蓝色生态农业"产业化、融合化水平。要立足出口，扩大内需，调整和提高我国海产品加工业的产业结构和产业规模，并由此推动我国"蓝色生态农业"持续健康发展。

41. 什么是"白色生态农业"？

"白色生态农业"，主要指微生物农业以及酶工程等。它包括高科技生物工程的发酵工程和酶工程。白色农业生产环境高度洁净，生产过程不存在污染，其产品安全、无毒副作用。白色农业的概念最早产生于中国。它是把传统农业的动植物资源利用扩展到微生物新资源利用，创建以微生物产业为中心的新型工业化农业。白色农业通过优化配置微生物资源，利用微生物的繁殖生产能力，在工厂化条件下生产植物、动物所必需的营养品和保健品。因为生产过程对环境要求非常严格，工作人员穿戴白色的衣帽，因而被形象地称为"白色生态农业"。

迄今，在我国已形成六大"白色生态农业"产业，初具

酶工程

产业化规模，对农业微生物资源的开发利用已取得长足进展，在六大领域呈现出良好前景：①微生物饲料。这是我国当前"白色生态农业"的主体产业。利用各种农业废料制成的蛋白饲料、秸秆饲料，以及 EP 多效生物添加剂已被广泛使用。②微生物肥料。目前我国微生物肥料的研究和应用处于热潮中，其主要品种有根瘤菌肥料类、固氮菌肥料类、硅酸盐细菌肥料、光合细菌肥料、微生物生长调节剂和复合微生物肥料类等。③微生物农药。应用较多的有细菌、真菌、昆虫病毒等构成的杀虫剂、杀菌剂、除草剂等。④微生物食品。在我国微生物食品中，食用菌分布最广，食用最普遍，历史最悠久，例如香菇、木耳等就属于此类食品。⑤微生物能源。我国微生物能源的应用主要是沼气。⑥微生物环境保护剂。我国研制和开发微生物除臭剂，具有广阔的应用和发展空间。

 42. 为什么说饲料工业与粮食安全息息相关？

粮食安全的核心是口粮安全，但是与口粮安全密切相关的还有流通安全、加工安全、消费安全，以及饲料安全等。就饲料安全而言，以玉米为主要原料的现代配合饲料工业，与粮食产销和民生息息相关。

回顾我国现代饲料工业的发展历程，从无到有、从低到高、从原始到现代，直至发展成为具有"大、全、强、严"等四个特点的大行业。

一是产业规模大。进入新世纪以来，我国饲料工业持续发展。2020年，我国各类饲料加工企业近1万家，饲料添加剂企业约1 800家，各类饲料添加剂全部实现国产化。其中，全国10万吨以上规模饲料生产厂达749家；年产百万吨以上规模饲料企业集团33家；其中有3家企业集团年产量超过1 000万吨。全国饲料产量超千万吨省份10个。同年，全国工业饲料总产量25 276.1万吨，同比增长10.4%。其中，配合饲料产量23 070.5万吨，同比增长9.8%；浓缩饲料产量1 514.8万吨，同比增长22.0%；添加剂预混合饲料产量594.5万吨，同比增长9.6%，总产量位居世界前列。

二是产品结构全。饲料工业结构必须与现代畜牧业和水产业结构相适应。随着我国饲料工业的发展和完善，现代配合饲料工业已成长为一个完整的体系。主要包括饲料原料工业、饲料机械工业、饲料加工业、饲料添加剂工业、饲料科研教育和饲料质量安全保障体系。其中：科研教育是先导，原料工业是基础，加工工业是主体，机械工业是关键，饲料质量是保障。同时，我国饲料工业也已形成完整的饲料结构。按动物类型划分，猪饲料、肉禽蛋禽饲料、水产和反刍动物饲料，以及添加剂预混料总产量都很可观，这样的饲料工业结构大体适应畜牧业和水产业生产结构的需求。

三是转化能力强。饲料加工业是玉米等农产品转化的主要途径，因此成为直接耗用大量原粮消费的第一大户。目前每年耗用玉米原粮 1.7 亿吨，另外耗用蛋白饲料豆粕量达 7 300万吨。以这样巨量的粮食转化能力，支撑全国生产的肉类、禽蛋禽肉和养殖水产品产量稳居世界第一位，奶类产量居世界第四位，支持养殖业创造的总产值高达 3 万多亿元，水产养殖业总产值高达 1.2 万亿元。我国饲料工业的巨大转化能力，既促进了粮食产业经济的发展，又对增产动物蛋白食品发挥了举足轻重的作用。

四是法规制度严。我国对饲料和饲料添加剂制定了严格的管理办法、技术规章制度和标准体系，以及饲料添加剂安全使用规则。例如，新版《饲料卫生标准》涵盖了 5 类、24 个有毒有害项目、164 个饲料和饲料添加剂技术指标，其中 80％的指标达到全球最严的欧盟标准水平。在建立健全法律法规体系的同时，我国还加强饲料和饲料添加剂的标准化建设，包括建立标准化管理和研究、标准起草、标准审查和推广，以及标准化队伍的培养和提高等。这些法规对保障各类饲料产品质量提供了严格的规范，从源头上对保障肉禽蛋奶等肉食品安全发挥了至关重要的作用。

 43. 为什么需要确定国内玉米消费的"优先序"？

玉米是一种很古老的农作物，原产于墨西哥。玉米引进我国已有 400 多年的历史，现在广泛分布于东北、黄淮海、西北和西南地区。从 2011 年以来，我国玉米总产量一直居国内三大谷物之首，是全国第一大谷物。

由于粮食种植结构调整的原因，从 2016 年开始，我国玉米产量开始下行。当年玉米总产量为 2.61 亿吨，同比下降 3.16%。直到 2019 年玉米产量连续 4 年下降，这年玉米总产量为 24 106 万吨，同比下降 1.99%。我国玉米产需差额数量达到 6 715.2 万吨，库存消费比降低到 40.19%。与玉米总产量趋减相对照，玉米消费总量呈继续增长趋势，特别是燃料乙醇对玉米的需求量剧增。

玉米是产业链很长的谷物品种之一，用途广泛，衍生品种类多，目前在我国就有几百种之多。迄今，玉米的用途呈现多元化趋势：玉米食用已降低到较次要的地位，除饲用化之外，能源化是最主要的消费趋势。随着经济的发展与人民食物结构的改善，城乡民众的口粮几乎全部转变为细粮，其消费的数量稳定不增，甚至稍有下降。因此，玉米直接食用的数量已降低到较次要的地位。与此相对照，玉米饲用化、能源化和金融化趋势愈来愈强化。

玉米素有"饲料之王"的美誉，其淀粉含量在 70% 以上，这种构成使其成为配合饲料的主要能量来源。如前述，随着人们食物消费结构的升级与现代饲料工业的快速发展，饲用玉米消费的数量占其消费总量的首位。2019 年我国玉米饲料消费、工业消费分别为 1.66 亿吨、1.13 亿吨，占总消费量的 53.78%、36.53%。而玉米食用消费占总消费量的比例仅为 2.88%。由发展趋势决定，现代畜牧业和工业饲料将持续发展，饲料玉米的需求量也必将相应增加。

我国生物燃料乙醇项目从 2000 年开始启动。当时，国家制定了正确的产业技术政策，即燃料乙醇工业"不与人争粮，不与粮争地"。同时，实行"定点生产""定向流通""定区使用"和"定额补贴"等措施。随后，我国燃料乙醇工业快速发展。迄今，国内现有 8 家定点生产企业，分别是安徽中粮生化、吉林燃料乙醇、肇东中粮生化、河南天冠、国投广东生物质、广西中粮生物质、内蒙古中兴能源、山东龙力生物。我国燃料乙醇年产能高达376万吨，居世界第三位，目前产量为260万吨。按照国家发展和改革委员会的规划，我国年产燃料乙醇1 000万吨，约消耗玉米原料3 200万吨，大约占全国玉米总产量的12％以上。

为妥善解决玉米消费中的关系和矛盾，需要研究确定一个玉米消耗结构的"优先序"。第一位，必须首先保质保量、满足饲料工业的需求。第二位，需要适量供应生物能源工业、即燃料乙醇生产的需要。根据研究，每年配给燃料乙醇工业的玉米数量应相当于当年玉米总产量的10％～15％。第三位，包括食用、种子和其他玉米消费。按照这样的玉米消费"优先序"，就可保障相关需求得到满足，产业协调发展。

 44. **为什么说"小杂粮"是"大产业"？**

所谓小杂粮，是与大品种谷物相对而言。小杂粮指的是小宗粮豆作物，具有生育期短、种植面积小、种植方法特殊、用途多种多样等特点，概括来说就是"小、少、特、杂"。主要包括：①小品种谷物，如高粱、谷子、荞麦、燕麦、大麦等。②豆类，如芸豆、绿豆、红豆、蚕豆、豌豆等。③薯类，如甘薯、木薯和马铃薯等"三薯"，以及山药等。我国享有"杂粮王国"的美誉。

"小杂粮，大产业"。在传统观念中，把杂粮仅仅视为单个的产品，而未把杂粮视为一项特色经济产业，置于战略地位进行研究和发展。实际上，在科学发展观统领下，积极振兴杂粮经济特色产业是大有作为的。这是由多种自然和社会条件决定的。我国杂粮资源丰富，栽培历史悠久，品种繁多，分布广泛，独具特色，产量巨大，发展前景广阔。我国的杂粮有几百种之多，很多种杂粮还发源于我国。从分布地区看，我国的黄土高原、内蒙古高原、云贵高原和青藏高原地区是小杂粮的主产区。从生态环境看，杂粮主要种植在生态条件较差的干旱半干旱地区和高寒地区。从经济发展区域看，杂粮主要分布在我国经济欠发达的地区，即少数民族地区和边疆地区，包括内蒙古、河北、山西、陕西、甘肃、宁夏、云南、西藏等省区，都具有悠久的种植历史。我国杂粮种植面积之广和产量之大，在世界上都名列前茅：谷子种植面积和总产量高居世界首位；黍稷种植面积和总产量均居世界第二位；全身是宝的荞麦的种植面积、总产量和出口量都居世界第二位，其中苦荞麦的种植面积、总产量居世界第一位；高粱种植面积和总产量分别居世界第八位和第六位；蚕豆的总生产量占世界的 1/2；芸豆种植面积占世界第三位；绿豆、红豆总生产量占世界的 1/3。可见我国的杂粮种植在世界上占有的重要地位。

然而，受传统思想观念的束缚，我国杂粮资源还远未得到充分开发利用。在新发展理念指引下，把杂粮资源优势转变为杂粮经济优势，使之成为我国的特色产业，大有作为。

其一，杂粮适于发展旱作农业，有利于农业结构调整和农民增收。杂粮作物一般生长期短、耐干旱、耐贫瘠，因而具有固氮改良土壤、增进土地肥力、减少水土流失的效应。大力发展杂粮作物，具有多种作用：一是可有效调整农业结构，促进其实现合理化；二是可开发本地区优势资源，促进发展特色杂粮产业；三是可开辟新的经济增长点，促进农民增收，有利于解决"三农"问题；四是可有效防止水土流失和土壤侵蚀，改善生态环境。

其二，杂粮具有强大竞争力，有利于开拓广阔的国际市场，出口创汇。随着食物结构的改善，国际市场对杂粮需求量增大，为我国杂粮出口提供了广阔空间。迄今，我国荞麦销往日本、韩国、欧盟等18个国家和地区；绿豆出口到各大洲49个国家和地区；红小豆出口到日本、韩国和东南亚等10多个国家和地区。随着我国杂粮出口的发展，也有力促进了杂粮生产及加工的发展。近年我国又开始出口荞麦米，年出口量达到6万～7万吨，年出口额约2 000万美元。

其三，杂粮营养价值高，保健功能强，深度开发，有利于发展特色食品行业。杂粮品种多样，产品独具特色：营养丰富、品质优良、保健性强，具有"食药两用"特色；生产过程不用或少用化肥和农药，生产过程无公害，多为绿色食品或有机食品。这些特点正适应广大消费者、特别是城市各类消费群体的"优质、多样、营养、保健、方便"的食物消费发展趋势。

随着杂粮产业的快速发展，带动了我国杂粮产区、特别

是山区丘陵区经济的振兴，成为农民脱贫、增收致富的新兴
产业。

 45. **什么是木本粮油？**

　　说到粮油，人们大多知道的是禾本科的粮油作物及产品，诸如水稻、小麦、玉米、大豆、大豆油、菜籽油、花生油等，千百年来，民众也习惯于食用这些粮油产品。而大多数人对木本粮油还很生疏。

　　广义说，利用相关乔木、灌木等木本植物的种子、果实、花、叶、皮、根、汁液等，经加工可制成供人们食用、药用或作为工业原料使用的产品。其中，可供食用的产品就是木本粮油。我国有广阔的林区，木本粮油资源丰富，发展潜力巨大。

　　简单地说，木本粮油就是可供食用的木本植物的果实或种子，及其各种制品。像板栗、红枣、柿子等就属于木本粮食之列；茶籽油、核桃油、橄榄油、牡丹籽油、文冠果油等，就属于木本油料之列。木本油料产品中的不饱和脂肪酸

含量和营养价值很高，平均含有蛋白质 36.0％、脂肪 58.8％，还富含膳食纤维、维生素 C、B 族维生素以及磷、钙、锌、铁等微量元素，具有绿色、健康、营养等多种特性，最大程度满足人们健康饮食与消费需求。

 46. 我国有哪四大木本食用油？

我国木本油料树种资源极为丰富，多达 200 多个。目前，我国最主要的木本油料树种有山茶、核桃、橄榄、油棕、椰子、油桐、乌桕、文冠果、油牡丹等。其中茶籽油、橄榄油、棕榈油和椰子油被誉为"四大木本食用油"。从种植总面积、总产量以及总产值衡量，茶籽油均名列全国第一。

 47. 振兴木本粮油产业的重大意义是什么？

我国人均耕地、淡水资源量少，低于世界平均水平，水土资源禀赋也较差。大力发展木本粮油产业具有重大现实意义和深远的战略意义，可发挥一举多得的作用。

一是，增产大量优质木本粮油产品，丰富市场供应。木本粮油是"铁杆庄稼"，可以生产像板栗、红枣、茶籽油、橄榄油等多种产品，能够大大增加优质特色产品的供应。它们都是绿色产品，食疗同源，有利于改善居民的饮食结构，满足人民群众对美好生活的需要。以板栗为例，我国作为板栗的原产地，是世界板栗生产大国，2018 年我国板栗总产量达 196 万吨，占世界的 83.5％，居世界第一位。2019 年，我国板栗出口 39 778 吨，金额为 8 666 万美元，同比增长了 10.44％。

二是，替代耕地、减轻资源约束压力。通过计算得出的数据表明，开发木本粮油资源替代耕地的作用十分明显。我国是世界上人口最多的发展中国家，但山多地少，土地资源绝对数大，人均相对数小，仅为世界人均占有量的 1/3。与耕地少相对照，全国现有荒地面积 10 800 万多公顷，其中宜农荒地 3 535 万公顷，占荒地面积的 32.7％，相当于现有耕地面积的 36.9％；林业用地 26 743 万公顷，其中宜林荒山荒地 7 661.5 万公顷，占林地面积的 28.6％，相当于现有森林面积的 6.2％。发展木本粮油产业，利用山区、丘陵、坡地、盐碱地、半干旱地区和沙地等不适合种庄稼的贫瘠土地，营造木本粮油经济林，不仅可以缓解耕地压力，而且拓展资源利用的广度和深度，具有良好的生态作用和观赏效应，一次种植多年受益，循环永续利用，为改善生态环境和农业生产条件，构筑了一道有效的生态安全屏障。

三是，为山区脱贫和农民增收开拓新途径。大力发展木本粮油生产基地，为山区半山区和丘陵区开办新产业、振兴山区经济、农民群众增收致富开辟了广阔道路。放眼广大中西部连片贫困地区，充分利用扶贫脱贫政策，以及林业生态建设政策，唤醒千百年沉睡的山地和荒原，发展绿色经济和生态经济，增产"土、特、名、优"新产品。应该说，包括木本粮油产业在内的林业经济为全国整体消除绝对贫困，促使农村变美、农业变强、农民变富，实现中国人民千百年来的夙愿做出了重要贡献。

四是，开辟新"粮源"，增强保障粮食安全的能力。振兴木本粮油产业，加大其种植投入和管理力度，促使其高产稳产，大幅提高我国木本粮油产量，对增强保障国家粮油安全能力具有重大作用。鉴于此，多方位开发木本粮油等食物来源，包括开发广袤的非耕地资源，实现土地资源替代，促进农、林、牧、渔综合发展，是有效保障我国 14 亿人口粮食安全的重要途径。我国山区占国土面积近 70％，山区拥有全国森林面积的 90％，是木本粮油、野生植物淀粉、竹、果、藤、香料、药材等产品的主要生产基地，充分开发和建设好这些基地，可以大大增强保障国家粮食安全的能力。

 什么是林下经济？

所谓"林下经济"，概括讲就是以林地资源为依托，以科技为支撑，充分利用林下土地资源和林荫空间，选择适合林下生长的动植物种类，进行合理种植、养殖，以构建稳定的生态系统，达到林地生物的多样化，增产农、牧、草、药等多种特色产品，从而成为山区振兴新的经济增长点，为农民增收致富开辟新途径。

49. 林下经济的主要特点是什么？

　　林下经济是一种典型的现代生态林业经济发展模式。其主要特点：一是，林业经济扩展的新形态。林下经济是充分利用林地资源和林荫空间发展的林业产业经济，可以说是传统林业经济的扩展和丰富，主要有林下种植业、林下养殖业两种经济形态。二是，生态经济发展的新要素。林下经济是在充分保护和利用森林资源的基础上，有效利用林下自然条件发展起来的产业经济，既可以构建稳定的生态系统，又可增加林地生物多样性，把林下土地资源和绿色树冠空间的优势开发成新生产要素。三是，林业经济增效的新抓手。林下经济为传统林业经济增效提供了新抓手。它以新生产要素为基础，以科技创新为支撑，以节约资源、投资较少、见效快、质量优、价值高为发展方式，收到高效优质的成果。同时，林下经济还具有"不与粮争地"的优势，可替代耕地、减轻土地资源压力。

　　科学利用林地资源、促进木本粮油和林下经济高质量发展，对保障国家粮食安全具有重大作用。2020年11月，国家发改委、国家林草局等十部门联合发布《关于科学利用林地资源促进木本粮油和林下经济高质量发展的意见》，要采取必要措施，全面推动产业高质量发展，实现木本粮油和林下经济的产量、质量稳步提高。意见明确提出发展目标，到2025年，除建立相关制度体系外，新增或改造木本粮油经济林5 000万亩，总面积保持在3亿亩以上，年初级产品产量达2 500万吨，木本食用油年产量达250万吨，林下经济年产值达到1万亿元；到2030年，形成全国木本粮油和林下经济产业发展的良好格局，木本粮油和林下经济产品的生产、流通、加工体系更加健全，产品供给能力、质量安全水平、市场竞争能力全面提升，机械化、智能化水平与特色产品竞争力水平大幅提高，供给结构、产业链条全面优化，资源综合效益大幅提升，进一步拓宽粮食等食物来源渠道，增强国家粮食安全保障能力。

 我国林下经济形成了哪些发展模式？

一是林粮模式。主要采取林粮间作和林油间作种植。一般是因地制宜在林下树行之间套种花生、土豆、红薯、魔芋和豆类等小杂粮，既收获粮油产品，又改良林下土壤，一举两得。

二是林药模式。疏密有间的森林为林下间种中药材提供了贴近自然的空间，夏天能遮阴，冬天能保暖，还为偏阴性中药材提供了阴湿的环境。在林间空地上间种较为耐荫的中药材，如白芍、百合、板蓝根、田七等。林下种植中药材，不仅有效地改善了生态，还给农民带来了可观的经济效益。

三是林菜模式。根据林间光照强弱和各种蔬菜的不同光照需要的特性，选择种植适宜的蔬菜品种。一般来说，秋末在落叶树开始脱叶时将菜苗栽入林地。许多地方利用冬春季节林间的光照种植多种蔬菜，丰富蔬菜市场供应。

四是林禽模式。利用林下空气湿度大，林荫使禽类生长更快、更健康的优势，饲养家禽。例如，围养或散养鸡、鸭、鹅等家禽，既增加在自然环境中饲养家禽的数量，又降低饲养成本，还符合绿色环保观念。

五是林畜模式。也称为林—草—畜模式。即在林地内种植牧草或保留自然生长的杂草，在林下放养或圈养牛、羊、兔，以及特种动物。林下养殖方法比传统养殖方法具有多种优点，多采取散养方式，其畜禽产品的肉品质量优、价值高，很受广大消费者欢迎。

六是林菌模式。它是充分利用林荫下空气湿度大、氧气充足、光照强度低、昼夜温差小的自然条件，以及利用食用菌生长喜阴、喜湿的特点，以麦秸、玉米秸等农作物秸秆为主要原料，在浓荫的林下搭棚种植木耳、香菇、平菇、鲍鱼菇、鸡腿菇、毛木耳、金针菇、杏鲍菇等多种可食用菌类。

七是林花模式。根据部分花卉的耐阴性，利用林地空闲的土地资源，发展食用花卉、观赏性花卉等，收效甚高。

八是森林休闲观光模式。休闲林业是将生产、生活、生态结合起来，利用森林景观等自然资源，开展各具特色的观光度假、科普教育，达到消除疲劳、营造美好心情的目的，为人们提供林区生活体验的新型产业。

通过优选林下经济发展模式，以新发展理念为引领，以惠民富民为目标，按照因地制宜、科学规划、合理布局、突出特色、讲求实效的原则，促进实现林下经济科学化、标准化、基地化和产业化，实现生态产业化、产业生态化。这样，促使林下经济各业实现资源共享、优势互补、循环相生、协调发展，形成"上中下、短中长"立体经营格局。

51. 什么是粮食产业融合化发展？

粮食产业融合化发展，就是要发挥农业龙头企业带动作用，以粮食产业化推进农村产业融合发展，是一种发展新理念、新路径。"十三五"以来，党和政府大力支持各地立足资源优势，探索创新各具特色的粮食全产业链发展模式。其实质就是，进一步提升粮食产业化，推动其与农村一二三产业融合发展。落实探索创新粮食产业融合化发展新理念、新路径，需要采取四大措施：

一要培育新型农业经营主体。推进粮食经营产业化，需要通过农业龙头企业的带动和示范引领，扩大农户生产经营规模，提高农民组织化程度，形成一批专业大户、家庭农场和农民专业合作社。同时，农业龙头企业可以凭借较高的管理效率和较强的市场营销能力，带动其他主体共同发展，将粮食产业链的各类主体连接成为风险共担、利益共享的共同体，促进各类主体融合共生。

二要推动资源要素融合渗透、优化配置。在推进粮食产业化过程中，要充分发挥作为生产者和经营者的龙头企业的双重作用，促进资源要素相互融合渗透。一方面，农业龙头企业通过自建基地或者利用产业化组织模式建立订单基地，可以对接传统农业资源；另一方面，农业龙头企业又具备现代企业的理念、先进技术等，因此兼具"双重角色"，有利于推动农业与工业、农村与城市、传统与现代之间的要素融合。

三要延伸产业链、提升价值链。农业龙头企业依托农产品加工环节，一头向上游延伸，另一头向下游拓展，在纵向融合中发挥纽带作用。为保障原料足、质量优、提高产品的品质，农业龙头企业还为农户、家庭农场开展技术指导和培训，示范引导农牧结合、农林结合、农渔结合，以及与农村旅游相结合，在一二三产业的横向融合中发挥关键作用。同时，为保持市场竞争力，农业龙头企业在生产经营的各个链条环节，注重提高经济效益，扩大增值空间，实现价值链提升。

四要合理处理主体利益关系，让农民共享发展成果。粮食产业融合化与农业产业化都是基于有效的利益联结机制和分配机制，实现各相关主体任务共担、利益共享、风险共担。催生和丰富农业新业态，农业龙头企业紧跟科技发展，洞察消费趋势，在生产经营活动中实行"互联网＋"、集约化发展等现代经营模式，创新生产方式、经营方式和资源利用方式。在生产环节，发展订单农业、创意农业、工厂化农业等，将农业的边界扩展到更广范围；在营销环节，发展电子商务、直销配送、体验营销等，实现线上线下融合互动；在资源利用环节，发展生态循环农业、休闲农业、旅游农业等，实现生产、生活、生态共赢；在利益分配环节，通过完善利益联结分配机制，履行社会责任，确保农民切实享受更多的财产权，有更多获得感。

52. 粮食企业为什么要创造品牌？

粮食企业实行品牌战略、致力于实现品牌化，具有极大的价值和深远的意义：一是应对国内外大市场激烈竞争的需要。通过塑造自身企业与众不同的独特形象，反复传播品牌营销核心思想价值观，促使企业产品逐步具有品牌影响力，品牌创造竞争力。二是提高企业无形资产的需要。企业的品牌价值增强了企业产品溢价的实力，由原来靠单一卖产品转变成企业售卖的是品牌诉求或品牌的价值，增大了企业无形资产。三是提高社会认可度的需要。广大消费者首先关心的是产品质量与放心安全，以及有保障的售后服务。企业通过品牌核心思想价值的生动传播，以取得消费者的了解与认可，使之感到满意和放心，乐意购买其产品。这表明，一个企业若想要在长期市场竞争中处于优势地位，创造品牌是长远发展的必经之路。

 53. 为什么要建立健全粮食社会化服务体系？

　　粮食产业在迈向现代化的进程中，现代社会化服务体系是不可或缺的基本条件。农业经济分工越精细，就越需要加强社会化服务。所谓粮食社会化服务，是指涉农涉粮的各种社会经济组织、为粮食生产主体提供的各种形式的服务。从改革开放以来，我国农业现代化、市场化、规模化步伐不断加快，因而加强和健全粮食社会化服务的必要性更加突出。

　　(1) 它是社会分工越来越细致的需要。伴随着农业生产由分散的、孤立的、自给自足的小生产方式，转变成分工精细、协作广泛的商品化社会生产，社会化服务是粮食产业化、融合化发展和统筹城乡一体化发展的客观要求。

　　(2) 它是加快实现农业结构合理调整的基本条件。通过建立健全粮食社会化服务体系，有利于探索创新农业资源及各种生产要素的优化组合，有利于适度扩大粮食产业的规模化组织经营，变资源优势为粮食经济优势，提高粮食产业规模化效率和效益。

　　(3) 它是实现小农户和现代农业有机衔接的桥梁。通过建立健全粮食社会化服务体系，架起了小农户与现代化农业之间的桥梁，开拓了农户采用现代化良技良法的有效途径。通过社会化服务，把信息、良种、农资、农机，以及市场购销、储运、加工等专业化、系列化服务提供给小农户，创造其运用现代科技装备和技术工艺的必要条件，将小农户以特殊形式纳入现代化的道路。

（4）它是增强大市场竞争力的手段。通过建立健全粮食社会化服务体系，补足我国农业产业的短板，依靠科技创新促进其转变发展方式，变粗放型增长为集约化增长，转型升级、节本增效，提高规模化效益，增强粮食在国际市场的竞争力。

 54. 怎样建立健全粮食社会化服务体系？

建立和加强粮食社会化服务体系，是一个系统工程，需要各方从实施乡村振兴战略的高度，协同合作建立健全符合广大农民实际需要的服务体系。

（1）建立健全提高农民组织化程度的服务体系。在坚持和完善农户家庭承包责任制前提下，创新发展公共服务体系、专业合作服务体系，以及多形式的经营性服务体系等。例如，建立农民专业合作组织、专业协会等社会化服务形式，以及"公司＋基地＋农户"的组织经营方式，农民的产品就能通过服务桥梁进入市场，实现其价值。

（2）建立健全提供专业技术的服务体系。对于专业技术性强的农业生产经营环节，需要加强和完善专业化、系列化服务。像种植业、园艺业的产前、产中、产后的各种社会化服务。包括良种供应、配方施肥、病虫防治、节水灌溉以及田间管理等。通过这种服务的纽带，使个体农民互相联结成有力的群体，获得服务协作的生产力。

（3）建立健全提供信贷金融的服务体系。通过进一步深化金融信贷改革，完善农村金融服务体系，缓解或消除农民与中小微农业企业资金难、贷款难的处境。

（4）建立健全公共服务体系。大力发展政府机构和国家事业单位对农业的公共服务，深化营商环境的重大改革，进一步实施"放管服"、转变政府职能、改善监管、加强服务，加快建立健全公共服务体系。

 55. **什么是"农头工尾"？**

2019 年中央 1 号文件指出：大力发展现代农产品加工业。以"农头工尾""粮头食尾"为抓手，支持主产区依托县域形成农产品加工产业集群。

所谓"农头工尾"，可以简单理解为：农业生产在前端，工业加工在尾端，把第一产业链（种植养殖业）与第二产业链（加工业）相互融合，实现"种得好，养得好，销得也好"的目标。采取这条途径，必须充分发挥农业龙头企业带动农户和专业合作社作用，稳粮价、降成本，引导种植业结构不断优化。从田间到车间一起补短板，理顺市场，促进种植、收购、加工、销售等全链条升级。

在传统格局下，粮食等农产品的产业链是分割的，农村是原料供应地，城市是成品加工地；农业生产是首端，城市加工和消费是末端；"产、供、销"产业链各自分离、互不结合。目前我国农业全产业链的发展差强人意，产业链条短，发展总水平低，总体结构不平衡，可持续发展能力较差。这种传统的产业链分割的组织经营形式，导致消耗高、成本高、浪费重、污染重，效率低、效益低。在加快农业现代化步伐、促进农业高质量发展的过程中，必须以产业化、融合化组织经营新方式替代老方式，采取消耗低、成本低、浪费少、污染少，效率高、效益高的发展方式。

在农业现代化发展和乡村振兴过程中，农产品产业链的优化发展是必经之路，也是保证农民增产增收，改变农村落后面貌的重要手段。为优化农业产业链结构，必须采取延伸、整合和提升产业链的组织经营形式。选择这一措施具有多方面优越性：有机连接相关产业链条，有利于实现产供销一体化，"产学研"联动，以及城乡一体化；有利于集约化经营、减少消耗、降低成本、提高效率效益；有利于提高农民的主体地位、增加农产品加工附加值和农民的收入；有利于提升农产品的质量和市场竞争力，占据更大的市场份额；有利于振兴农村新产业，改变农村面貌。

促进农业的产业化发展，尽可能把加工产业链留在县域，改变传统的农村卖原料、城市搞加工的格局。要大力支持发展适合家庭农场和农民合作社经营的农产品初加工，支持县域发展农产品精深加工，建成一批农产品专业村镇和加工强县。统筹农产品产地、集散地、销地批发市场建设，加强农产品物流骨干网络和冷链物流体系建设。培育农业产业化龙头企业和联合体，推进现代农业产业园、农村产业融合发展示范园、农业产业强镇建设。健全农村一二三产业融合发展利益联结机制，让农民更多分享产业增值收益。以"农头工尾"为抓手，推动农业产业创新发展、转型升级、提质增效，助力农民增收和振兴农村新产业，推动乡村振兴不断前行。

56. 什么是"粮头食尾"？

所谓"粮头食尾"，即粮食生产在前端，工业加工在尾端。走这条路径的实质就是，把第一产业链（种植业）与第二产业链（加工业）相互融合。粮食产业化龙头企业要充分发挥带动农户和专业合作社的作用，引导粮食种植结构不断优化，深化农业供给侧结构性改革，从田间到车间"双管齐下"补短板，理顺粮食产销市场，推进粮食产业的健康发展，实现种植、收购、加工、销售等全产业链升级。

探索发展"粮头食尾"新路径，首要的是发展和提升粮油精深加工业，提高供给质量。为此，一要转变方式，调整结构。要以"供给侧"结构性改革为主线、以"需求侧"结构性改革为导向，引导粮油加工企业向精深化方向发展；精选原料、精湛工艺、精细加工、精简包装、精明经营，生产加工优质产品，切实提高供给粮油产品的优质率和增值率。二要提升主食工业化、产业化水平。以改革和提高"需求侧"结构为动力，发展快速冷冻食品，像冷冻水饺、包子、汤圆等，以及方便面、馒头等大众化方便主食品；同时着力提高精品肉类、豆制品、膳食纤维食品质量。三要重视开发杂粮资源。我国是世界上最大的"杂粮王国"，像绿豆、芸豆、红豆等多种小杂豆，以及小品种谷物独占鳌头，不仅是传统的出口产品，而且是受广大居民欢迎的多种特色食品的原料。要以科技创新为动力开发杂粮资源，加工生产系列化、特色化食品。四要综合开发利用粮油加工副产物。要彻底转变传统观念，树立粮油加工副产物是重要资源的观念，研发新技术和新工艺，发展深加工，综合化开发利用，绿色化生产名优新特产品，满足不同消费层次的需求。

 57. 什么是"优质粮食工程"？

2017 年 10 月 16 日，在举办"世界粮食日"纪念活动时，我国宣布正式启动优质粮食工程。"优质粮食工程"，就是在新发展理念指引下，以深化体制机制改革和科技自主创新为动力，建设和完善粮食产后服务体系，健全质量安全检验监测体系，开展"中国好粮油"行动，以增加优质粮食产品供给，带动种粮农民增收，更好服务绿色农业粮食发展和"健康中国"的行动。

经过多年努力，中国人民端牢了饭碗，还为世界粮食安全做出了重要贡献。当前粮食供求存在结构性、阶段性的矛盾，中长期态势仍将是紧平衡，保障国家粮食安全依然任重道远。当前需要采取如下必要措施：一是"五优联动"，即"优粮优产、优粮优购、优粮优储、优粮优加、优粮优销"，把"优产、优购、优储、优加、优销"串珠成链。二是"三链协同"，即大力发展粮食就地加工转化，延伸粮食产业链，提升价值链、打造供应链，形成一个全程优质、全链提升的粮食产业集群。三是严格把好"四个关口"，即把好生产的"源头关"、大田的"管理关"、产品的"检测关"和质量的"标准关"，以确保全程质量安全。四是促进"五项提升"，即大力促进粮食绿色产能提升、粮食生态仓储提升、粮食供给品质提升、粮油品牌营销提升、粮食质量追溯体系提升等，从而确保打造优质粮食工程的升级版。

58. 为什么必须发展粮食精深加工业？

粮食加工业是现代粮食产业经济的"半壁江山"。粮食深加工业是维系城乡、联结"三农"的纽带；是满足民众日益提高的全面小康生活的技术手段；也是循环化开发利用粮油资源、提高农业效益，促进农民增收、繁荣农村经济的有效途径；还是促进粮食产业化、融合化发展、转变增长方式、转型升级的必由之路。这里需要澄清一个认识，就是所谓粮食精深加工，不是说加工精度越高越好，而是指通过先进工艺和技术设备、科学合理、适度开发利用粮食资源中有价值的成分，生产出优质、多样化产品。

如果从扩大再生产的视角看，粮食加工业是"粮头食尾""农头工尾"间的关键环节，发展新型粮食加工业具有重大战略意义：其一，它是粮食生产的必然延续。通过精深加工，制作出大量优质的粮油制品，可以大大丰富市场供应，满足民众对美好生活的需求。其二，它也是发展循环经济的必要途径。通过探索创新粮食精深加工业，可以充分开发利用资源，减少和防止浪费，降低成本，提高附加值，增加农民收入。其三，它还是转变农业传统增长方式的创新。通过采取以粮食加工为龙头的产供销一体的产业化组织经营方式，变"三高一低"为"三低一高"，减少化学肥料、药品和农膜等耗用量，可减轻面源污染，保护农业生态环境，促进节本增效，提升全要素生产率。

新中国成立70余年来，我国从手工作坊转变为世界粮食加工业大国，在世界上占有一席之地。发展粮食精深加工对改善人民生活质量、有效扩大内需、拓宽就业渠道，以及助力乡村振兴、夯实农业产业发展基础、加强粮食安全保障能力，都具有重大的现实意义和深远的历史意义。

 59. 我国粮食加工业体系的特点是什么？

改革开放以来，中国一跃而成为世界粮食加工业大国，形成完整的粮食加工业体系，包括现代碾米工业、面粉工业、油脂工业、饲料工业、粮油机械制造，以及粮油食品工业。这一新兴工业体系呈现如下特点：一是加工行业成分由单一转变为多元化；二是加工产品由单一转变为多元化；三是加工能力形成布局合理化；四是冷冻食品和方便食品迅猛兴起。概括起来，我国粮食加工业已形成完整的体系：适应粮食产业经济发展和民生改善的需求，在全国形成现代大米、面粉、油脂及粮油食品加工业大体系；适应现代畜牧业发展的需要，现代饲料工业异军突起成为一个大行业；适应民生改善的需求，粮油加工制品、冷冻食品和方便食品的生产规模、品种、档次不断提升为大产业，冷冻食品和方便食品加工业持续扩大；适应现代畜牧业和水产业的快速发展，饲料工业发展的需要，从无到有、从小到大发展起来粮油饲料机械制造业。这些标志着我国粮食工业已形成完整的体系，迈入了世界粮食、方便食品、食用油、配合饲料，以及名目繁多的调味料加工业大国的行列。

60. 为什么说种子是农业的"芯片"？

2020年中央经济工作会议确定了2021年的重点任务，其中之一就是，"解决好种子和耕地问题"，还特别强调，要加强种质资源保护和利用，加强种子库建设。要尊重科学、严格监管，有序推进生物育种产业化应用。要开展种源"卡脖子"技术攻关，立志打一场种业翻身仗。可见，国家把发展种业提升到多么重要的位置。

"强农兴粮"，种子是基础。正如许多专家所说的：种子是农业生产的"芯片"，是确保国家粮食安全的命脉。种子是粮食作物有生命力的特殊的生产资料，是农作物高产优质的内在因素。总之，种子是决定粮食产量和质量的不可替代的物质基础，在粮食增产的各种因素中，种子发挥至关重要的关键作用。回顾我国粮食产业发展历程，种子的每次突破，都带来生产力的巨大飞跃。像水稻矮化品种的选育成功，使单产提高了50%；杂交水稻大面积推广，提高单产20%以上，以及超级稻育种技术的突破，引领水稻产业"第三次革命"。实践证明，优良品种对于实现农业现代化具有重大作用。优质良种能大幅度提高单位面积产量，改善农产品品质，减轻或避免自然灾害的损失，提高农业生产经济效益，有利于机械化生产和提高全要素生产率。粮食生产离不开种子，种子行业处于整个农业产业链的起点，在很大程度上影响甚至决定了农作物产量和质量。

作为农业大国，中国种子行业具有巨大、稳定的市场需求。专业机构分析认为，中国种业市场潜在市场容量约为900亿元。从产品结构来看，水稻种子约占总体市场规模的21%，玉米种子占33%，蔬菜种子占31%，棉花种子占8%，油菜种子占3%，瓜果及其他种子占4%。由于我国是世界农业大国，所以种业市场容量巨大，是小种子，大产业。

61. 怎样打好种业"翻身仗"？

一颗良种，可以振兴一个产业。打好我国种业"翻身仗"，既是着眼现实、促进农业高质量发展的迫切需要；又是面向未来、推进农业可持续发展的客观必须；还是遵循规律、加快农业现代化步伐和加强粮食安全保障能力的必由之路。必须加强顶层设计，多措并举，着力提升农作物种业科技创新能力、企业竞争能力、供种保障能力和市场监管能力。

一是，种业位于农业产业链的最前端，是保障粮食安全的关键。要打好我国种业"翻身仗"，必须把它上升为国家战略性、基础性核心产业，一靠政策，二靠科技，加大政策扶持和投入力度，以振兴我国农作物种业，进一步为农业产业长期稳定发展，为保障国家粮食安全打牢根基。

二是，要深化改革，整合种业资源。要通过推进体制改革和机制创新，优化资源配置，进一步完善农作物种业科研成果评价方式，加快构建产学研结合，促进形成培育、繁殖、推广一体化的现代种业体系。要发挥体制优势，集中优势力量，整合各方面资源，突出重点，组织联合攻关，推动科研机构与种业企业建立协同机制，整合育种科技、人才、资金等资源要素，大力提高以种业企业为主体的产业化、商业化和平台化的育种能力。力争在关键农作物品种培育上取得突破性成果，全面提高种业发展水平。

三是，要加快种业科技创新。振兴我国民族种业，必须发挥科技创新的关键作用。首要的是调动发挥科技人才作用，打造国家种子"硅谷"，推进现代种业技术取得突破。

要积极推动科研机构与种业企业建立协同机制，加快种业科技创新，加大对优势科研院所和高等院校的基础性、公益性研究投入。科研单位重点开展农作物种质资源搜集、保护、鉴定、育种材料的改良和创新等基础性、前沿性、公益性研究。同时支持科研单位的种质资源、科研人才等要素向种子企业流动，逐步形成以企业为主体、市场为导向、资本为纽带的利益共享、风险共担的农作物种业科技创新模式。

四是，建立商业化的育种新机制。振兴我国民族种业，必须以深化体制机制改革为动力，确立企业的主体地位，各相关部门都要大力提供支持。①积极支持"育繁推一体化"种子企业开展商业化育种，支持种子企业引进国内外先进育种技术、装备和高端人才，并购优势科研单位或种子企业，促进企业发展壮大。②免征"育繁推一体化"种子企业种子生产经营所得税，在兼并重组方面给予税收优惠。③建立健全国家和省两级种子储备制度，完善种子收储政策，鼓励和引导相关金融机构特别是政策性银行加大对种子收储的信贷支持，中央和省级财政对种子储备给予补助。④对西北、西南、海南等优势制种基地实行严格保护，加大种子工程投入，建设一批规模化、标准化、集约化、机械化的种子生产基地，开展种子生产保险试点工作。

五是，要完善种业法律法规，坚决打击不法行为。建立健全种业法律法规，是种业产业健康发展的保障。与此相对应，还要全面加强和健全种业知识产权保护，建立鼓励创新、保护创新的制度环境，禁止制售假冒伪劣种子的行为。加强专利保护，严厉打击制售假冒伪劣种子行为。

只要我国以深化体制机制改革、科技创新为动力，加强和完善科研保障，确立以企业为主体的种业创新体系，健全农作物种业知识产权保护制度，瞄准世界育种先进技术奋起直追，一定会振兴起我国的"民族种业"，使中国农业主要用上"中国种"。

62. 新中国成立以来我国粮食流通和消费方面有哪些大变迁？

在粮食流通和消费方面，我国粮食购销体制破旧立新转变为市场化。从 20 世纪 80 年代初我国实施改革开放之日起，粮食改革就以市场化为取向、以体制机制改革为根本、以探索创新为动力，不断引入和扩大市场机制因素，直至市场在资源配置中发挥决定性作用，实现粮食产业经济全面市场化。实施这场突破性改革，采取了多项重要举措，包括全面放开粮食购销和价格，粮食购销由指令计划转型为自由购销，粮食产业经济发生了全面性、系统性、本质性转变：从购销体制到经营机制，从市场主体到营销业态，从单一计划价格到完备的价格体系，从单一化企业形式到混合所有制；从单一实物平台经销到"互联网＋"新平台，从行政主管到以经济手段为主、辅以法律手段和必要的行政手段，从长期封闭到"两个市场、两种资源"相结合等，呈现出中国特色，实现了全面市场化、市场主体多元化、市场构成体系化、市场价格完备化、市场制度完善化、市场机制灵活化和市场规模超大型化。尤其是近年来，探索利用大数据和互联网技术，创新粮油"互联网＋"平台的新模式，线上和线下交易方兴未艾。

63. **我国国有粮企是怎样转变为自主市场主体的？**

我国各类国有粮食企业是粮食产业经济的有机细胞，是发展的中坚，其兴衰、进退决定着整个粮食事业的成败。我国粮食流通体制改革中最复杂、最艰巨的任务，莫过于国有粮企的改革。以坚持和发扬我国基本经济制度优势为原则，以深化实施改革、改组和改造等措施为途径，以多种形式改革、包括坚持采取兼并、拍卖、合并、股份制改造，以及职工身份置换等，促使国有粮食企业真正成为市场主体，实现产权多元化，在市场上发挥主导、表率、中坚，乃至"定海神针"的作用。把国有粮食企业再造为自主决策、自主经营、自负盈亏、自我发展的主体。

在不断深化改革过程中，国有粮企浴火重生，解决了历史遗留的"老人""老账"和"老粮"等历史包袱，促使实现企业产权多样化，经营自主化，结构优良化。2014年，国有粮食企业总数量减少为16 469个，减幅达47.6%。但企业规模扩大，结构改善，完成企业改制数量达11 197个，占62%以上。上下游国有粮企理顺经济关系，经营管理显著改善，效益提升。

总的看，我国国有粮食企业改革前后"两重天"。改革前，国有粮食企业体制僵化、机制固化、经营滞化，负债累累，处在难于生存的困境中不能自拔。而改革后，广大国有粮食企业普遍建立健全起现代企业制度，企业结构不断优化完善，企业户数和职工人数逐步减少，但企业规模扩大，社会经济效益提升。2019年，国有粮食企业总数量降低到1.2万户，从业人员35.8万人。与此相对照，国有企业总资产和净资产"双增长",前者达到 2.4 万亿元,后者为 0.3 万亿元;国有企业利润总额实现连续 13 年统算盈利,并保持良好持续发展势头。同年,全国国有粮食企业主营业收入 7 962.3 亿元以上,实现利润总额 131.7 亿元,有一半以上省市的盈利额超过亿元。

64. 什么叫"双循环"新发展格局?

简单地说,所谓"双循环"发展新格局,就是以国内大循环为主体、国内国际"双循环"相互促进的新发展格局。

构建"双循环"新格局是国家和世界经济发展和运行的客观必然。任何一个国家和地区,只要进行对外贸易业务,都难免"双循环",只不过是在不同国家、不同发展阶段处于哪种循环为主罢了。党和政府对国内国际循环新的不平衡格局主动作为、主动调整、主动谋划,明确提出加快构建"双循环"发展新格局,具有创新意义。

一是,启示国人更加注重国内大循环,并将其作为国内经济持续发展的主要动力来源。尤其是在 2020 年以来,国际市场供应链、物流链、价值链都发生巨大变化,产生不确定性,只有立足国内大循环,方能立于不败之地。

二是,在强调国内大循环为主体的同时,要坚持国内国际"双循环"相互促进、相辅相成的辩证关系,绝不是闭关锁国,而是进一步提高对外开放水平。要主动引领内外循环深度互动和联动发展,有效利用国际国内两个市场、两种资源来打通内外循环,以谋求更高质量的国内大循环和国际大循环,使二者相互促进。

65. **为什么要建立粮食"双循环"新发展格局？**

加快构建"双循环"新发展格局，是摆在各行各业面前的一项重要课题和任务。构建粮食"双循环"新发展格局具有极大的重要性和必要性。

从时代大背景和国情粮情看，近年来经济全球化出现逆潮，单边主义、贸易保护主义不断强化，国际经贸摩擦不断升级，致使我国面临的外循环压力与困难加重。为应对新挑战，保障粮食安全是必不可少的基础条件之一。我国既是粮食生产大国，又是粮食消费大国，14亿人口的吃饭问题是民生的头等大事，必须确保国人口粮绝对安全。其实现的有效途径就是"以我为主，立足国内"，即必须实现粮食、特别是稻米、小麦以国内大循环为主体。

从贯彻落实国家新粮食安全观和新发展战略看，粮食安全对中华民族生命攸关，其重要性远远超过如何发挥比较利益的考虑，必须首先保障国家粮食安全。悠悠万事，吃饭为大。粮食安全是国家安全的重要基础，是治国理政的头等大事。党中央制定和实施确保"谷物基本自给、口粮绝对安全"的新粮食安全观，确立"以我为主、立足国内、确保产能、适度进口、科技支撑"的国家粮食安全新战略。为贯彻落实国家新粮食安全观和新发展战略，加快构建粮食"双循环"新发展格局迫在眉睫。

从世界市场和供应链演变看，没有一个大国的口粮是依赖外循环为主体实现的。如日本，虽然是农产品进口大国，但主食大米是充分自给的。特别是在后疫情时代，世界产业链、供应链、物流链等发生重大变化，导致全球市场萎缩，并产生极大不确定性。面对严峻的新形势，为确保"粮安天下"、端牢"中国饭碗"，加快构建粮食"双循环"新发展格局势在必行。

66. 怎样构建粮食"双循环"新发展格局？

在新发展理念指引下，实现构建粮食"双循环"新发展格局的战略任务，实现以国内"大循环"为主体，意味着要着力打通国内粮食生产、分配、流通、消费等各个产业链条，消除其间存在的"堵点"或不畅通。这正是完成重大战略任务的着力点。

其一，加强"一个基础"。即始终把农业生产置于"重中之重"的基础地位，坚守"四个要点"不动摇：一是坚守18亿亩耕地红线不可逾越；二是坚守15.46亿亩永久基本农田面积不可减少；三是坚守"藏粮于地"和"藏粮于技"的可持续兴农兴粮的发展之力不可减弱；四是坚守惠农惠粮富民政策措施不可改变，以保护和提高广大农民、粮食主产区与农业科技人员的积极性。

其二，推进"两轮驱动"。即强有力推进"创新驱动"和"科技驱动"的两个轮子。既包括制度、体制、机制等方面的创新，也包括科技方面的创新。像土地制度、收储制度、市场体制、价格机制等改革创新。还要突破一批关键核心技术，大力提升企业技术创新能力，加快健全完善科技创新体制机制，为加快构建粮食新发展格局不断注入新动力。

其三，创新"三链协同"。即打造具有更强创新力、更大附加值、更高现代化的"三链协同"：延长产业链、加强供应链和提升价值链。夯实产业基础能力，促进产业链联动发展和技术合作攻关，充分发挥产业链韧性和协同作用。

其四，扩大"四个基点"。即扩大内需、扩大对外开放、扩大现代服务和扩大安全防范。在构建新发展格局过程中，要有底线意识、安危意识，需要打好防范外部经济、金融领域和生态领域，以及资源能源风险的有准备之战。特别是必须加强对植物病虫害及有害生物入侵的防范，这是构建粮食"双循环"新发展格局的基本保障。

其五，强化"五大体系"。即高质量发展现代粮食生产体系；高质量发展现代统一组织、灵活高效、规范有序的市场流通体系；高质量发展粮食资源循环化、综合化和适度化的加工体系；高质量加强信息化、智能化、绿色化的现代粮食储备体系；高质量加快健全粮食安全保障的法律法规体系。

 67. 什么是粮食"五优联动"？

自 2017 年实施"优质粮食工程"以来，中央财政累计投入资金近 200 亿元，带动地方和社会资本投入 560 多亿元。在实施过程中，狠抓"五优联动"，取得了令人鼓舞的绩效。那么，粮食"五优联动"要"优"在何处？

一要"优粮优产"。引导和支持粮食种植结构优化，促进绿色化、优质化、特色化、品牌化可持续发展。

二要"优粮优购"。提供信息引导、产销对接、信贷协调、优质优价、便捷收购等综合服务，实现"好粮卖好价，丰产又增收"。

三要**"优粮优储"**。推广生态化、智能化、绿色化储粮技术，并"优粮优仓，确保质量"，在更高水平上实现"广积粮、积好粮、好积粮"。

四要**"优粮优加"**。在采取"粮头食尾"产业化、融合化发展过程中，优化粮食加工业产业结构和产品结构，实行适度加工，既提高粮油资源利用率，又保持粮油制品的营养价值，还有利于发展循环经济，综合化开发利用副产物，提高粮油加工业的效率和效益。

五要**"优粮优销"**。通过采用"互联网＋粮食"和"放心粮店＋主食厨房"等新业态、新模式，畅通优质粮油消费服务的"最后一公里"，促进城乡消费。

68. 为什么要发展主食工业化方式？

主食是指供城乡居民一日三餐消费、满足人体基本能量和营养素需求的食物。从严格意义上认识和判定，至少具有四项要素才可称之为主食：满足人体基本能量和营养素需求；一日三餐必须食用；对粮食、特别是谷物转化量大；食用人口众多的食物。

适应社会经济的发展与科技的进步，以及民众生活小康化与家务劳动社会化的需求，主食产业化生产方式应运而兴起。它是指运用现代科学技术工艺，采取营养学原理与配方，用机械化、标准化、规模化为手段，制造和生产符合居民需要的各种主食品。随着粮食及食品加工工艺的不断进步，以及消费需求的多样化，主食品种和式样逐步丰富。按照这些标准衡量，我国目前的主食制品大体有四类：①面制品主食。包括面条（挂面、鲜湿面、方便面）、馒头、饺子、包子等。②米制品主食。包括米饭、米线（粉）、粥品等。③速冻米面制品主食。包括汤圆、饺子、面条、粽子等。④杂粮主食。包括豆类、薯类等。在发展主食品加工制作的同时，相应引入现代营销理念，构建从粮食种植到居民饮食消费的全产业链体系，探索形成现代主食产业。

"十三五"以来，我国大力促进主食工业化、产业化生产发展，取得了长足进步和巨大绩效。主要标志是：积极推进米面、玉米、杂粮，以及薯类主食制品的工业化生产、社会化供应和产业化经营方式；大力发展多种方便食品、速冻食品，满足居民的需求；实施主食工业化、产业化示范工程建设，发展一批放心主食品示范单位；推广"生产基地＋主食加工企业＋超市销售"和"生产基地＋主食中央厨房＋餐饮门店"等新形式。与此同时，也注意保护并挖掘传统主食品，增加花色品种，鼓励和支持开发个性化功能性主食品。

其中，异军突起的就是方便食品、特别是方便面食和方便米食工业化、产业化的兴起。如今，我国已成为世界方便食品制造大国。其特点是规模大、品种多、消费拉力强。中商产业研究院数据库显示：2018年我国方便面行业总产量为794.22万吨，同比增长4.19％。与总产量占据高位和消费人群众多相应，我国方便面消费总量也高居世界第一位。2018年，全世界方便面销量为1 036亿份，而我国市场销售量高达402.5亿份，占全球方便面总销量的38.85％，是第二名印度尼西亚的3.21倍，及第三名印度的6.64倍。2019年中国方便面市场持续提高，增长到444亿份，比上年增加41.5亿份，增长10.31％。

69. 什么是新业态？

所谓新业态，是指基于不同产业间的组合、企业内部价值链和外部产业链环节的分化、融合与行业跨界整合，以及嫁接信息及互联网技术所形成的新型企业、商业乃至产业的组织形态。商品流通发展的历史表明，新型业态的出现主要靠分工细化和融合化两大因素产生和发展起来。举例说，农业、畜牧业的分离，商业经营模式中的连锁、加盟等形式，生活服务业中的洗衣业、快递业、家政服务业等，都属于分化的产物。简单地说，业态是零售店向一定的顾客群提供商品和服务的具体形态，"商业业态"也称"零售业态"。零售业的经营形态或销售形式主要包括百货店、超级市场、大型综合超市、便利店、专业市场（主题商城）、专卖店、购物中心和仓储式商场等形式，是零售业长期演化的结果。根据经营活动中不同要素，如选址、规模、店铺设施、商品策略、价格策略、销售的技术手段及提供附加服务等的不同组合，以区别不同的业态。由于经营形态和销售形式的不同，构成各种各样的零售业态。特别引人注目的是，会涌现出新业态，带动就业、带动投资、带动消费，形成强大的国内市场，更好地满足人民群众对美好生活的新期待，推动构建现代化经济体系，实现经济高质量发展。

70. 从发展上看我国还需培育发展哪些新业态？

适应新时代的需要，国家发展和改革委员会等 13 个职能部门发布《支持新业态新模式健康发展激活消费市场带动扩大就业的意见》，提出15个新业态、新模式，并要求积极探索采取线上服务新模式，激活消费新市场：①大力发展融合化在线教育。构建"线上线下"教育常态化融合发展机制，形成良性互动格局。②积极发展互联网医疗。以互联网优化就医体验，打造健康消费新生态。进一步加强智慧医院建设，推进线上预约检查检验。③鼓励发展便捷化"线上办公"。要创造"随时随地"的在线办公环境，在部分行业领域形成对线下模式的常态化补充。④不断提升数字化治理水平。促进形成政企多方参与、高效联动、信息共享的现代化治理体系和治理能力。⑤培育产业平台化发展生态。着力发挥互联网平台对传统产业的赋能和效益倍增作用，打造形成数字经济新实体。开展重大工程布局，支持传统龙头企业、互联网企业打造平台生态，提供信息撮合、交易服务和物流配送等综合服务。⑥加快传统企业数字化转型步伐。助力降低数字化转型难度，发展"线上线下融合"的业务发展模式，提升企业发展活力。⑦打造跨越物理边界的"虚拟"产业园和产业集群。实现产业供需调配和精准对接，推进产业基础高级化和产业链现代化。实施数字经济新业态培育行动，支持建设数字供应链，推动订单、产能、渠道等信息共享。⑧发展基于新技术的"无人经济"。充分发挥智能应用的作用，促进生产、流通、服务降本增效。支持建设智能工厂，实现生产过程透明化、生产现场智能化、工厂运营管理现代化。⑨积极培育新个体，支持自主就业。进一步降低个体经营者线上创业就业成本，提供多样化的就业机会。支持微商电商、网络直播等多样化的自主就业、分时就业。鼓励发展基于知识传播、经验分享的创新平台。⑩大力发展微经济，鼓励"副业创新"。着力激发各类主体的创新动力和创造活力，打造兼职就业、副业创业等多种形式蓬勃发展格局。支持线上多样化社交、短视频平台有序发展，鼓励微创新、微应用、微产品、微电影等方面开展"大众创业、万众创新"。⑪强化灵活就业劳动权益保障，探索多点执业。探索适应跨平台、多雇主间灵活就业的权益保障、社会保障等政策。⑫拓展共享生活新空间。推动形成高质量的生活服务要素供给新体系。鼓励共享出行、餐饮外卖、团购、文化旅游等领域产品智能化升级和商业模式创新，发展生活消费新方式等。⑬打造共享生产新动力。推动形成高质量的生产服务要素供给新体系。鼓励企业开放平台资源，共享实验验证环境、仿真模拟等技术平台，充分挖掘闲置存量资源的应用潜力。⑭探索生产资料共享新模式。健全完善"所有权与使用权分离"的生产资料管理新制度。取消各种不合理的限制，畅通共享经济合作机制，鼓励各类所有制企业、行政事业单位等法人主体生产资料共享。⑮激发数据要素流通新活力。推动构建数据要素有序流通、高效利用的新机制。依托国家数据共享和开放平台体系，推动人口、交通、通信、卫生健康等公共数据资源安全共享开放。加快全国一体化大数据中心体系建设，建立完善的跨部门、跨区域的数据资源流通应用机制，强化数据安全保障能力，优化数据要素流通环境。

71. 什么是新零售？

所谓新零售，是指一种零售新形态。它具有明显特点：各类企业以互联网为依托，通过运用大数据、人工智能等先进技术手段，对商品的生产、流通与销售过程进行升级改造，进而重塑业态结构与生态圈，并把线上服务、线下体验，以及现代物流进行深度融合。此外，还有一种意见认为，新零售的要义在于推动线上与线下一体化进程，其关键在于使线上的互联网力量和线下的实体店终端形成合力，从而完成电商平台和实体零售店面在商业维度上的优化升级，促成价格消费时代向价值消费时代的全面转型。还有一种意见认为，新零售就是"将零售数据化"，将新零售示意为"线上＋线下＋物流"，其核心是以消费者为中心的会员、支付、库存、服务等方面数据的全面打通。不管哪种看法，一个共同点是把"线上、线下"和物流结合在一起，才会产生新零售。

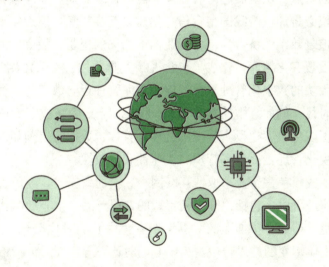

 72. 什么是数字经济？

近年来以大数据、人工智能为代表的新一代信息技术迅猛发展，数字经济已成为引领全球经济社会变革、推动我国经济高质量发展的重要引擎。数字经济是继农业经济、工业经济之后的更高级经济阶段。数字经济是以数字化的知识和信息为关键生产要素，以数字技术创新为核心驱动力，以现代信息网络为重要载体，通过数字技术与实体经济深度融合，不断提高传统产业数字化、智能化水平，加速重构经济发展与政府治理模式的新型经济形态。

 数字经济在粮食行业有哪些应用？

当今大数据浪潮席卷全球，社会经济呈现数据驱动型发展的特点。从发展趋势看，互联网与传统农业产业相融合的步伐必将加快。我国粮食信息化建设起步较晚，但近年来积极追赶数字经济，为粮食行业插上腾飞的翅膀。最突出的是建设数字化粮库，建成了包含视频安防监控、粮情监测等8个版块的数字化管理平台，促使粮库管理迈向数字化、智能化时代。例如，中储粮集团公司于2017年底完成了900多个智能化粮库建设，实现了过程可管控、数据可追溯和远程可视化管理，提升了管理的快速性和有效性。

我国粮食企业采取"互联网＋"流通新模式，经历了多个演进阶段：包括"纯粹销售"的"以产品为中心的时代"；满足"消费者预期"的"以消费者为中心的时代"；适应消费主体嬗变的"以价值观为中心的时代"等。面对消费市场的巨变，企业"互联网＋"的流通营销策略为：大数据营销，高品质内容，场景化匹配，社群化传播。我国粮食企业积极探索运用电脑、大数据、移动互联网等现代信息手段，引导电商平台以数据赋能生产经营企业，培育定制消费、智能消费、信息消费、时尚消费，有效扩大了不同层次、不同群体的消费市场，产生了更大的促进消费的拉动力。

 74. 我国粮食等大宗农产品电子商务有哪些重要平台？

　　随着农产品电商的不断创新和发展，特别是随着网络宽带、冷链物流、配送等基础设施的加强与完善，为农产品营销增加了无限商机。21世纪以来，我国粮食等大宗农产品电子商务取得长足发展，已建设了多方面重要平台。①从无到有创建中国粮食网上期货交易（B2B），涉及大多数主要农产品；②国家储备粮拍卖交易（G2B），成交品种包括小麦、稻谷、玉米、大豆和菜籽油，成交地域覆盖全国；③大宗商品电子交易（B2B），中粮集团和招商局集团注资3亿元，携手上线粮食电子交易平台"粮达网"；④探索发展各类网络零售模式，各类网络零售（B2C、C2B、B2B2C）是服务于终端消费者的电子商务；⑤粮食企业O2O模式，即社区电子商务项目"电商＋店商"模式；⑥粮食网上交易会模式，即指政府通过网络交易会的形式吸引买卖双方在平台上进行粮食交易活动。

　　多年来，粮食部门在加快建设城乡一体的流通体系和网络中，把智能化、品牌化、连锁化便利店纳入公共服务、特色小城镇基础设施建设中。这一措施，既有效改造提升了农村流通基础设施，又扩大了电子商务进农村的覆盖面，促进形成城乡一体化的、以乡镇为中心的农村流通服务网络和多种经营新平台。诸如："互联网＋粮食""互联网＋品牌""互联网＋食用油""互联网＋企业""互联网＋产地""互联网＋土特产"等。借助这些平台，提高了农村电商发展水

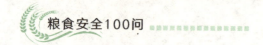

平，扩大了城市和乡村消费市场。

75. 我国粮食等农产品实施"引进来"措施成效如何？

我国在推进对外合作中，及时抓住经济全球化、特别是加入世贸组织的机遇，加快对外开放的步伐，积极实施"引进来"措施，取得不凡成果。主要表现是，促进粮食等农产品贸易日益开放化、国际化，使我国成为名副其实的农产品贸易大国。随着改革开放的深入，粮食部门以需求为导向，引进紧缺的资金和先进技术装备，促进我国现代粮油工业体系的建立与发展。

随着国内市场的逐步放开，小麦、大米的购销和加工领域也引进了大量资金和技术设备。据不完全统计，早在2007年，全国外商投资的粮食企业的年销售收入高达1 320亿元，实现利润6亿元。其中，食用植物油外资加工企业的销售收入占48.1%，利润占56.3%。特别是在我国加入世贸组织之后，我国粮食产业对外合作的规模、形式发生明显变化：粮食等农牧产品进口量快速扩大，进口来源地区多元化，进口品种也不断增多。目前，我国已经成为世界第一大农产品进口国、第四大农产品出口国。2019年，尽管受到中美贸易摩擦的严重影响，中国农产品进出口总额仍然高达2 300.7亿美元，同比增长5.7%。同年，我国谷物进口1 791.8万吨，同比下降12.6%；出口谷物323.6万吨，同比增长26.8%，二者相抵，净进口1 468.2万吨，同比下降18.2%。涉及进出口的主要品种包括玉米、大米、小麦，以及食用植物油等。虽然我国进口部分谷物，但主要用来品种调节，这是一种正常的国际贸易，具有积极意义。

可以预见，基于国内消费者对优质农产品的需求旺盛，我国农业领域开放的程度将越来越大，合作程度也将越来越深。世界农业发展的实践和规律显示，发展程度越高的时候，国际合作起到的作用就越来越强、越来越关键。

 76. 我国农业企业实施"走出去"措施的方式有哪些？

我国农业对外开放合作中，坚持以互利"双赢"为原则，与"引进来"并举，采取积极稳健的"走出去"步骤，取得明显进展。首先，向多极化开辟和发展。我国在实施农业"走出去"的过程中，在平等、互利的条件下，在继续与发达国家进行合作之外，更加重视以"一带一路"沿线国家和地区为重点开展对外合作，以避免过度倚重少数国家。其次，我国农业企业在"走出去"时，必须选择海外适宜地区，合作创办农业企业，同时扩大对外合作的经营范围，包括各种适宜农作物种植及其农产品加工，像兴办合作农场、农业园，以及农产品产业化经营企业等，以有效加强我国农业对外合作"硬实力"。再次，突出企业主体，扩大农业对外合作。要采取市场化、企业化和国际化机制。农业企业以先进技术引领，采取市场化途径推动农业企业开展对外技术合作，并突出现代化、综合化服务平台建设。

中国西部省份立足旱作农业与中亚国家开展粮食、畜牧、棉花等领域合作，北部省份与俄罗斯远东地区开展粮食、蔬菜等种植贸易及加工合作，南方省份立足热带农业，与东南亚、南亚国家开展粮食、热带经济作物等种植贸易及加工合作。

77. 联合国粮食及农业组织的机构和职能是什么？

联合国粮食及农业组织简称"联合国粮农组织"（Food and Agriculture Organization of the United Nations，FAO），于1945年10月16日正式成立，是联合国系统内最早的常设专门机构，是各成员国间讨论粮食和农业问题的国际组织。其宗旨是提高人民的营养水平和生活标准，改进农产品的生产和分配，改善农村和农民的经济状况，促进世界经济的发展、并保证人类免于饥饿。联合国粮农组织总部设在意大利罗马，现共有成员国194个、1个成员组织（欧洲联盟）和2个准成员（法罗群岛、托克劳群岛）。大会休会期间，由49个成员国组成的理事会在大会赋予的权力范围内处理和决定有关问题。理事会下设8个委员会：计划、财政、章程及法律事务、农业、渔业、林业、商品问题和世界粮食安全委员会。中国是该组织的创始成员国之一。1973年，中华人民共和国在该组织的合法席位得到恢复，并从同年召开的第17届大会起一直为理事国。

联合国粮农组织的主要职能是：①搜集、整理、分析和传播世界粮农生产和贸易信息；②向成员国提供技术援助，动员国际社会进行投资，并执行国际开发和金融机构的农业发展项目；③向成员国提供粮农政策和计划的咨询服务；④讨论国际粮农领域的重大问题，制定有关国际行为准则和法规，谈判制定粮农领域的国际标准和协议，加强成员国之间的磋商和合作。可以说，联合国粮农组织是一个信息中心，是一个开发机构，是一个咨询机构，是一个国际讲坛，还是一个制定粮农国际标准的中心。

联合国粮农组织的宗旨是：保障各国人民的温饱和生活水准；提高所有粮农产品的生产和分配效率；改善农村人口的生活状况，促进农村经济的发展，并最终消除饥饿和贫困。遵循这一宗旨，联合国粮农组织的重点工作也与时俱进发生了转移。它早期着重粮农生产和贸易的情报信息工作，以后逐渐将工作重点转向帮助发展中国家制定农业发展政策和战略，以及为发展中国家提供技术援助。

 78. 联合国发布《世界消灭饥饿和营养不良宣言》的主要内容是什么？

联合国大会 1974 年 11 月 16 日发布的《世界消灭饥饿和营养不良宣言》，分析了当代世界存在的饥饿、营养不良与贫困及其根源，并提出应对措施，在今天仍具有重要意义。它的主要内容包括：

（1）危害发展中各国人民的严重粮食危机表现在：世界上饥饿和营养不良的人，多数在发展中国家，这些国家的人口合计占世界人口的三分之二强，而其生产的粮食约为世界产量的三分之一。这个问题尖锐地威胁到人权宣言中所崇奉的关系生存权利和人类尊严的最根本的原则和价值。

（2）消除饥饿和营养不良是联合国社会进步和发展宣言内规定的目标之一，以及消除造成这种境况的根本原因，是所有国家的共同目标。

（3）导致人民陷于饥饿和营养不良境况的原因是历史条件造成的，特别是由社会不平等造成的，包括外来统治和殖民统治、外国占领、种族歧视、种族隔离和形形色色的新殖民主义。

（4）近年来由于世界经济发生了一连串的危机，许多发展中国家的国际收支承受外债的沉重负担，部分国家人口增加导致粮食需求扩大，加之投机、农业投入物资缺乏和物价暴涨等，许多发展中国家陷入了更严重的境况。

（5）这些现象和问题，应该在现行的各国经济权利和义务宪章的谈判范畴内审议，并应敦促联合国大会一致同意通过一项宪章，作为在平等和公正原则基础上建立新的国际经济关系的有效手段。

（6）所有国家不论大小、贫富，一律平等；都应享有充分的权利，包括参加有关粮食问题、有关营养健康、有关消除饥饿贫困等问题的决定。

（7）世界人民的幸福生活，主要靠充足的粮食生产和公平的粮食分配，以及世界粮食安全系统的建立，借此保证随时随地粮食能有充分供应，粮价维持合理水平。

（8）和平与正义的经济方面的意义在于，可以帮助解决世界经济问题，彻底消除发展落后，使所有人民的粮食问题得到持久彻底解决，保证各国都有自由而有效地执行发展方案的权利，使大量资金和物资用于发展农业生产和显著地促进世界粮食安全。

（9）为持久解决粮食问题，必须全力消除存在于发达国家与发展中国家之间的越来越大的差距，并建立一个新的国际经济秩序，建立适当的国际体制，并酌情采取适当行动在国际经济合作方面建立公平合理的关系。

（10）发展中国家必须重申信念，确保迅速发展的基本责任落在自己身上，继续加紧个体和集体的努力，以消除饥饿和营养不良。

（11）许多发展中国家，还不能在任何时候都满足自己的粮食需要，因此必须紧急采取有效的国际行动，向它们提供援助，不附加任何政治压力。

 79. 世界粮食首脑会议制定了什么重要文件？

1996 年 11 月 13—17 日在罗马举行了世界粮食首脑会议（World Food Summit）。这次会议在联合国粮农组织总部举行，这是首次世界粮食首脑会议。来自世界 194 个国家的代表，以及地区国际机构和非政府组织的代表出席了会议。会议期间，共有 45 位总统、15 位副总统、41 位总理、12 位副总理和 74 位部长或其他官员在大会上发言，就粮食安全和消除饥饿问题发表了看法。联合国有关机构、一些国际组织和非政府组织的代表也在会上介绍了有关情况，阐述了自己的观点。第一次"世界粮食首脑会议"，是就粮食安全问题举行的最高级别会议，也是一次让世界消除饥饿的历史性会议。这次会议通过了两个正式文件：一是《世界粮食安全罗马宣言》；二是《世界粮食首脑会议行动计划》。

2002 年 6 月 10—13 日，联合国粮农组织在罗马举行了第二次"世界粮食首脑会议"。此次世界粮食首脑会议的目的是总结自 1996 年首脑会议以来所取得的成果，并为实现到 2015 年将世界饥饿人口减半的目标商讨新的措施。来自 100 多个国家的国家元首、政府首脑或代表，以及有关国际机构的代表出席了会议。会议重申了人人有获得安全而富有营养的粮食的权利，并且确定了近期目标就是，要在 2015 年之前把全世界营养不良的人数减少到目前人数的一半（2002 年营养不良的人数是 8.4 亿）。

80. 《世界粮食安全罗马宣言》怎样重申重视粮食安全？

《世界粮食安全罗马宣言》（以下简称《罗马宣言》）是世界粮食发展史上一件影响深远、具有历史意义的重要文献。《罗马宣言》强调重申"粮食安全"和"粮食权"的概念。即：实现人人享有粮食安全，并获得充足食物的基本权利和人人享有免于饥饿的基本权利。各国和各地区从不同途径通往共同目标：在个人、家庭、国家、区域和全球实现粮食安全。只有当所有人在任何时候都能够在物质上和经济上获得足够、安全和富有营养的粮食，来满足其积极和健康生活的膳食需要及食物喜好时，才称得上实现了粮食安全。各国必须充分重视粮食安全和消除贫困，需要采取协调一致的国家行动，同时需要有效的国际共同努力。

《罗马宣言》做出以下重申：和平、稳定及有利的政治、社会和经济环境是必要的基础，可使各国能够充分重视粮食安全和消除贫困：①确保一种以男女全面平等参与为基础、最有利于实现所有人可持续粮食安全的政治、社会和经济环境，为消除贫困并为持久和平创造最佳条件。②执行旨在消除贫困和不平等并增加所有人在任何时候都能在物质上和经济上获得足够、营养充分和安全的粮食及有效利用这些粮食的政策。③考虑到农业的多功能特点，在高潜力和低潜力地区推行对家庭、国家、区域和全球各级获得充足和可靠的粮食供应不可缺少的参与性和可持续粮食、农业、渔业、林业及乡村发展的政策和做法，并同病虫害、干旱和荒漠化作斗争。④努力确保粮食、农产品贸易政策和整个贸易政策有利于通过公平和面向市场的世界贸易系统促进所有人的粮食安全。⑤努力预防和准备应付自然灾害和人为紧急情况，并满足暂时和紧急粮食需要，以便鼓励恢复、重建、发展及提高满足未来需要的能力。⑥促进公共和私人投资的最佳分配和利用，加强高潜力和低潜力地区的人力资源、可持续粮食和农业系统以及乡村发展。⑦与国际社会合作，在各级实施、监测和落实本行动计划。

 81. 《世界粮食安全罗马宣言》怎样强调保障人人享有粮食安全?

《世界粮食安全罗马宣言》明确认为和强调：

（1）贫困是粮食不安全的一个主要根源，在消除贫困方面取得可持续的进展是增加获得粮食机会的关键所在。

（2）强调现在采取行动的紧迫性，以便履行我们对当代和子孙后代实现粮食安全的责任。实现粮食安全的主要责任在各国政府。各国政府必须创造有利的环境，制定政策，确保和平与社会、政治、经济稳定和公平以及男女平等。

（3）粮食不应作为一种施加政治和经济压力的手段，必须制止违反国际法和联合国宪章并危害粮食安全的单方面措施。

（4）必须增加包括主粮在内的粮食生产，持续管理自然资源、消除非持续性的消费和生产方式，承认妇女，特别是发展中国家的农村妇女对粮食安全的根本性贡献，还必须将振兴乡村地区也作为一项重点工作。

（5）持续存在的大规模的饥饿现象是对国家社会的威胁，并通过各种途径对国际社会本身的稳定构成威胁。各国政府还应在相互之间并与联合国各组织机构积极合作，实现人人享有粮食安全的计划。

 82. 为何建立联合国世界粮食计划署？

联合国世界粮食计划署（World Food Programme，WFP），是联合国系统中从事粮食援助活动的专门机构。它由联合国和联合国粮农组织于 1961 年共同创办，1963 年正式开展业务，总部设在意大利罗马。WFP 的总体组织结构主要包括罗马总部、区域办公室、联络办公室及国家办公室。目前，罗马总部的行政管理层由 1 名执行干事、1 名副执行干事、3 名助理执行干事及相关的通信、人力资源、法律、监察、评估、申诉等部门负责人组成。6 个区域办公室分别设在曼谷、开罗等地，以及 5 个联络办公室。

WFP 领导机构为执行局，由 36 个成员国组成，其中，发展中国家占 24 席。近年来中国一直是 WFP 执行局成员（2008 年除外）。WFP 最高领导人为执行干事，由联合国秘书长和粮农组织总干事商执行局后联合任命，任期 5 年。WFP 完全依靠自愿捐助筹集资金，主要的捐赠方是各国政府，同时还接受私营企业和个人的捐赠。

创立 WFP 的基本宗旨在于，通过提供粮食援助缓解战乱、严重自然灾害、艾滋病等引起的人道危机，促进低收入、缺粮的发展中国家的农业和社会经济发展，以消除人类饥饿和营养不良。WFP 的主要职能包括：拯救生命，在紧急情况下保障生计；防止严重饥荒的发生，为灾前预防和减灾进行投资；在战争或灾难发生后重建家园和恢复生计；减少长期饥饿和营养不良；加强各国控制饥饿的能力。

83. 什么是"世界粮食日"？

每年的 10 月 16 日是"世界粮食日"（World Food Day，WFD），是世界各国政府围绕发展粮食和农业生产举行纪念活动的日子。它是在 1979 年 11 月举行的第 20 届联合国粮食及农业组织大会上决定设立的。1981 年 10 月 16 日为首个世界粮食日。此后，每年的这个日子都要为世界粮食日开展各种纪念活动。其宗旨是唤起全世界对发展粮食和农业生产的高度重视。设立"世界粮食日"的背景是，在 20 世纪70 年代初，由于连续两年气候异常造成世界性粮食歉收，加上当时苏联大量抢购谷物，导致爆发世界性粮食危机。联合国粮农组织于 1973 年和 1974 年相继召开了第一次和第二次世界性粮食会议，以唤起世界，特别是第三世界注重粮食及农业生产问题；敦促各国政府和人民采取行动，增加粮食生产，更合理地进行粮食分配，与饥饿和营养不良作斗争。但是，问题并未得到解决，世界粮食形势更趋严峻。正是在这样的背景下，联合国粮农组织做出了关于设立"世界粮食日"的决议。其主旨在于促进人们重视农业粮食生产，以此激励国家、双边、多边及非政府等各方面都共同努力；鼓励发展中国家开展经济和技术合作；鼓励农村人民，尤其是妇女和最贫困群体参与各项活动；增强公众对于世界饥饿问题的意识；促进向发展中国家转让技术；加强国际和国家对战胜饥饿、营养不良和贫困的声援，关注粮食和农业发展方面的成就。从 1981 年 10 月 16 日开始，世界各国每年的这一天都举办具有鲜明主题的"世界粮食日"纪念活动。

 84. **历年"世界粮食日"的主题是什么?**

1981 年　粮食第一

1982 年　粮食第一

1983 年　粮食安全

1984 年　妇女参与农业

1985 年　乡村贫困

1986 年　渔民和渔业社区

1987 年　小农

1988 年　乡村青年

1989 年　粮食与环境

1990 年　为未来备粮

1991 年　生命之树

1992 年　粮食与营养

1993 年　收获自然多样性

1994 年　生命之水

1995 年　人皆有食

1996 年　消除饥饿和营养不良

1997 年　投资粮食安全

1998 年　妇女养供世界

1999 年　青年消除饥饿

2000 年　没有饥饿的千年

2001 年　消除饥饿，减少贫困

2002 年　水：粮食安全之源

2004 年　生物多样性促进粮食安全

2005 年　农业与不同文化之间的对话

2006 年　投资农业促进粮食安全

2007 年　食物权

2008 年　世界粮食安全：气候变化和生物能源的挑战

2009 年　应对危机，实现粮食安全

2010 年　团结起来，战胜饥饿

2011 年　粮食价格，走出危机实现稳定

2012 年　办好农业合作社，粮食安全添保障

2013 年　发展可持续粮食系统，保障粮食安全和营养

2014 年　家庭农业：供养世界，关爱地球

2015 年　社会保护与农业：打破农村贫困恶性循环

2016 年　气候在变化，粮食和农业也在变化

2017 年　改变移民未来——投资粮食安全，促进农村发展

2018 年　行动造就未来——到 2030 年能够实现零饥饿

2019 年　行动造就未来，健康饮食实现零饥饿

2020 年　齐成长、同繁荣、共持续，行动造就未来

85. 我国古代有哪些经典的粮食经济观念？

中国是一个历史悠久的农业大国，历朝历代都把粮食视为"天大地大"的维持生计与生存的产业。在古代中国，"以粮为主"的农业是最主要的生产部门和经济基础。许多有远见的执政者和贤达，特别是一些著名战略家、思想家，提出和实行了一系列经典性的粮食经济观念，像"重农抑末""重农贵粟""积储粮谷"和"民以食为天"等。他们把这些重粮理念奉为治国理政的圭臬。

从思想观念上看，"以农为本""以食为天""重农抑末"是中国古代执政者始终作为国策来贯彻实行，特别是把粮食生产放在经济发展的首要地位。我国最早的被誉为治国文化典籍的《尚书·洪范》中，对治国理政的"八大政务"排列顺序依次为：一曰食、二曰货、三曰祀、四曰司空、五曰司徒、六曰司寇、七曰宾、八曰师。显然，在八项政事中，把"食"列为"政首"。战国时期的商鞅提出明确观点，农业是治国富国之本。他认为：民不逃粟，野无荒草，则国富，并强调此举是"治国之要"。

从国策实施上看，"田畴垦""兴农桑""重农贵粟"成为发展经济、安定民生的主要举措。在我国历朝历代的书籍中，关于奖励开垦荒地与屯田、兴修水利与抗旱，以及广种谷物和桑麻等记载，极为丰富浩瀚。西汉时期政治家晁错主张"重农贵粟"，他在名著《论贵粟疏》中，阐述了他的粮食策论：粮食生于地，长于时，聚于力，非可一日而成也，必须发展"粟米布帛"的重要农业生产；"贵五谷""贱金玉"，以粟为赏罚。晁错认为，这些是"政之本务"。他的

"重农贵粟"主张被朝廷采纳和实行，促进了当时农业生产的发展，仓库装满了粮食，可供应边境士兵5年的军粮，史称开创出"文景盛世"。

从富国富民上看，古代不少思想家深刻阐述"富国"与"富民"的相通关系，及其实现的途径。所谓"足君足民""上富下富"，一定意义上就是"国足民足"或"国富民富"。早在春秋战国时的著名经典著作《管子·牧民篇》一开始就写道：仓廪实而知礼节，衣食足而知荣辱。其意很明确，国家粮食充实，百姓衣食富足，就会深谙道德、明白荣辱、遵守礼节。《管子》中阐述的"五富"之路，即兴农业、林业、牧业、兴水利和防止浪费，条条都意在"富国富民"。

需要指明的是，我国历代在推行"重农"政策的同时，又往往采取严格的"抑末"措施。例如，降低工商业者的社会地位，限制他们的活动，甚至进行经济惩罚。这表明：我国古代"重本"与"抑末"并行，产生了单一发展农业、抑制工商业的发展倾向，表现出单一化的片面性弊端，对国民经济的发展起了消极作用。

当然，在我国古代也有不少政治家和思想家提出创见，他们主张在"重本"的同时，不但不应"抑末"，相反要鼓励和倡导发展包括工商业在内的"百工技艺"。西汉时御史大夫桑弘羊对农工商关系提出了独到的见解。一方面，他发展了"农本"思想，强调"建本""返本""贵本""务本"的主张；但另一方面，他在强调"重农"即"重本"的同时，也十分强调"重商"。他提出：农商交易，以利本末；开本末之途，通有无之用。到了明朝，张居正更进一步提出"农商两利"的观点："厚农而资商""厚商以利农"。

86. 管仲的粮食经济思想有哪些重要观点？

管仲（？—前645年），名夷吾，字仲，安徽颍上人。管仲是我国春秋前期齐国著名的政治家和经济思想家。管仲任齐国宰相几十年，以"尊王攘夷"为号召，在齐国推行改革，辅佐齐桓公登上春秋第一霸主地位。《管子》里留下了大量治国理政的经验总结，提出并实践运用了治国平天下的重要思想哲学，其中阐述的粮食经济思想与政策，对我国漫长的封建社会经济发展产生了重要影响。

管仲关于粮食经济思想观点主要包括："重农贵粟"观，"民之司命"观，"五谷主体"观，"粮食储备"观，"粮食轻重"观。这里着重介绍涉及粮食流通的"粮食轻重"理论。所谓"轻重"，有三种内涵：一是指在（谷）粮食、（币）货币与（物）其他物品三者关系中，粮食具有特殊属性，即"凡五谷者，万物之主也"。二是指粮价随供求变化而变化的规律，即"岁有凶穰，故谷有贵贱"。三是指"重农敛散术"，即国家通过对粮食商品的"敛散"，在购销中运用价格规律来增加财政收入。国家通过干预流通，以有利于社会安定和经济生活稳定，即所谓"敛积之以轻，散行之以重"。除上述外，管仲还把粮食视为制胜的武器。他多次运用粮食武器削弱周围诸侯国的实力，以达齐国"御天下""制天下"的战略目的。

87. 范蠡的粮食经济思想有哪些重要观点？

范蠡（前536—前448年），字少伯，春秋时楚国宛地人，他提出的平粜法，是我国古代卓有创见的经济思想。古今中外，价格机制对粮食生产、经营、消费者而言，都是最灵敏的调节器。价格对粮食产销的影响及其可能产生的经济后果有重大作用。范蠡深入了解和认识到了这点，同时，他对影响价格波动的内在动力也有所思考。

春秋后期是我国由奴隶制向封建制转化的时期。这个时期经济思想的一个突出特征是没有明显的重农抑商思想，各国当政者大都比较注意处理好与商人的关系，甚至采取有利于商人的政策措施，以取得他们对国家的支持与帮助。在这种社会经济环境下，范蠡观察到，"夫粜，二十病农，九十病末。病末则财不出，病农则草不辟也。"如果粮食价格每石低于20文，那么就会损害农民的利益，挫伤他们的积极性，对农业生产发展造成负面影响。如果粮食价格每石高于90文，消费者则难以承受，商人无利也会停业不再经营下去。只有粮食价格适当、兼顾生产者、消费者和经营者各方利益，粮食产销才能正常进行下去。他由此明确定位，粮食价格在农业生产和整个经济中具有重要地位和重大作用，确

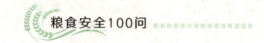

定适当的粮食价格是关键。

范蠡对粮食生产和流通的观察和思考，在那个时代达到了很高的程度。在此基础上，他对粮食价格变化的规律更深入地进行了探究和提升：一是，探究粮价演变规律。通过评析粮食的盈余或短缺，就可知道粮价是贵或贱。如果是盈余，就会供过于求，粮价就会降低，"由贵转贱"；相反，如果是短缺，就会供不应求，粮价就会涨高，"由贱转贵"。二是，探究粮价周期性波动的内因。粮食市场价格波动是周期性的，并在一定幅度内浮动，其根本原因在于农业经济的周期循环。范蠡阐述道，粮食收成年景的丰歉，是随天时变化的。这种随天时变化而形成的"丰收—歉收"，由此产生粮食的"充足—不足"，与此相应，粮价呈现"低贱—昂贵"的演变轨迹，呈周期性波动。即所谓"八谷亦一贱一贵，极而复返"。正是基于对粮食价格演变规律的认知，范蠡创立了粮食平粜法。

范蠡提出，在市场粮价过高或过低时，即"上不过八十，下不过三十"时候，国家需要直接参与粮食流通：在丰收年景谷贱伤农，每石粮价低于20文时，国家以高于市场价收购粮食，储存起来；在歉收年景谷贵伤民，每石粮价高于90文时，国家以高于市场价收购粮食储存起来，在灾荒之年景以低于市场粮价的价格出售，救济灾荒，抑制粮价暴涨，以达到调控市场粮价的目标。简言之，国家通过平粜措施把每石粮食的价格限制在30~80文的区间，兼顾生产者、消费者和经营者三方面的利益，保障粮食生产和流通正常运行，生产发展，市场繁荣，民生稳定，"平粜齐物，关市不乏，治国之道也"。这就是范蠡的粮食平粜法。

早在春秋时期，范蠡深谋远虑提出独见性的粮食平粜法，国家运用市场价格手段，有效调控粮食生产和流通，实现粮食生产和流通的自由正常运行，社会经济发展稳定。他的粮食经济思想为后世留下颇有价值的理论财富。

 李悝的粮食经济思想有哪些重要观点？

李悝（前 455—前 395 年），战国前期魏国人，是战国早期的一位"重农"战略思想家与政治家。他不仅建树"尽地力之教"的理论，而且提出"使民毋伤而农益劝"思想观点。他对粮食生产、消费和粮价等问题都提出了独到性见解，创立了粮食平籴法，调节粮食流通。

李悝不仅重视粮食生产，而且很注重粮食流通与消费。这是他的经济思想的过人之处。为实施"尽地力之教"的理论，李悝提出多项有实践性的措施：必杂五种，以备灾害；力耕数耘，精耕细作；环庐树桑，种植瓜果等。这些措施体现了李悝以粮为主、多种经营、地尽其力，更多增产粮食的经济思想。

李悝认为，必须通过对粮价的调控，处理好农民与消费者之间的关系，才能达到既促进粮食生产，又保证民众消费需要，还稳定社会的目的。为此，他提出了调剂粮食供求、稳定物价的平籴法，并以此作为充实国家财政、富国强兵的一项重要措施。

在平籴法中，李悝首先指出了粮食价格的波动在农民和消费者之间产生的影响，阐明了实行平籴法的必要性和重要性。他指出："农事害"是"饥之本"；农民贫困是粮食生产得不到发展的根本原因。他以算账对比的方法，分析说明了自耕农在战国时期的粮食生产与消费情况，得出了农民处境困难、缺乏种粮积极性的原因，强调提出国家调控粮价的必要性与重要性，进而提出了调控粮价的平籴法。

李悝认为，粮食价格过高或过低，对农民和消费者来说总有一方会受到损害，而不管损害哪一方，都不利于国家经济的发展和社会的稳定。"籴，甚贵伤民，甚贱伤农。民伤则离散，农伤则国贫。故甚贵与甚贱，其伤一也。善为国者，使民毋伤而农益劝。"这里的"农"，是专指粮食生产者农民；而民，是广指不从事粮食生产的士、工、商阶层，是粮食的纯消费者。

鉴于此，必须调剂粮食供求，使粮价波动在各种情况下大致能保持平稳。李悝在平籴法中提出，按年成丰歉和灾情大小的不同情况，有针对性地采取相应的"收粮放粮"政策。具体做法是：把丰收年景分为上熟、中熟、下熟三等。上熟年份每百亩收余粮三百石；中熟年份每百亩收购余粮二百石；下熟年份每百亩收购余粮一百石。把灾荒年景分为大饥、中饥和小饥。大饥时，把"上熟"收购的余粮抛出；中饥时，把"中熟"收购的余粮抛出；小饥时，把"小熟"收购的余粮放出。这样，即使有灾荒也会因有储备而保持粮食供应，使社会保持稳定。平籴法与平粜法不同，既有籴，也有粜，以籴储备，以粜救灾，籴为粜创造了物质条件。这完整地体现出平籴法的核心，即"取有余以补不足"，以"收放"形式调剂粮食供求，平抑调控粮价。

平籴法也取得了很好的经济效益和社会效果。"故虽遇饥馑水旱，籴不贵而民不散，取有余以补不足也。行之魏国，国以富强"，实现了富国强兵的战略目标。

 商鞅的粮食经济思想有哪些重要观点？

商鞅（约前395—前338年），战国时政治家、改革家、思想家，法家代表人物，卫国人。他携带李悝的《法经》投奔秦国，推进变法使秦国富强起来，史称"商鞅变法"。"商鞅变法"的主要内容，以及他的主要思想观点，政治、经济和军事方面的一系列改革措施，全面记载于《商君书》中。这里，简要梳理其粮食经济思想方面的观点。

(1) **"农本"和"农战"论**。商鞅把"农织"相结合的农业视为"本业"，是产生财富的源泉。他写道："农则易勤，勤则富""民不逃粟，野无荒草，则国富""强者必富，富者必强""国不农，则与诸侯争权不能自持"。这充分表达出商鞅经济思想核心内容的"农本论"和"农战论"："重农"才能富国，"重战"才能强兵。

(2) **提出"垦草令"**。为实施"治国之要"，商鞅制定和实施"垦草令"方案。实施"垦草令"的实质在于，促使尽可能多的人进入粮食生产中。他认为，"地大而不垦者，与无地同"，据此"地诚任，不患无财"。就是说，只要把土地利用起来，就不怕财富不充裕。也可以说，采用多种办法，增加农业劳动力，扩大耕地面积，就必然提高粮食产量。

(3) **征收田赋租税制**。"垦草令"规定："訾粟而税，则上壹而民平"。就是说按粮食产量征收田租税，统一税制，百姓负担公平，不挫伤农民生产积极性。田赋租税制改革之后，农业耕地面积扩大了，但每亩租税未变，农民负担得到减轻。

（4）运用价格理论，实行粮食高价政策。商鞅强调："食贱则农贫"，与李悝"谷贱伤农"的观点是一致的。他认为：农之用力最苦而赢少，不利于农战。因此，商鞅在变法中坚持推行高粮价政策。此外，商鞅变法中还实行"开封疆阡陌"的改革。

 桑弘羊的粮食经济思想有哪些重要观点？

桑弘羊（前155年？—前80年），河南洛阳人，西汉时期著名政治家、理财家。桑弘羊出身商人家庭，入宫后历任侍中、大农丞、治粟都尉、大司农等职。自元狩三年（前120年）起，在汉武帝大力支持下，先后推行多项经济政策，同时组织六十万人屯田戍边，防御匈奴。这些措施都在不同程度上取得了成功，大幅度增加了政府的财政收入，为汉武帝继续推行文治武功事业奠定了雄厚的物质基础。

（1）"工商富国"。桑弘羊是中国历史上第一个提出"工商富国"的经济思想家。他在"盐铁会"上，与"贤良文学"针锋相对辩论道："富国非一道""富国何必用本农""无末业则本业何出"。在桑弘羊看来，农业并非财富的唯一源泉，工商业尤其商业同样是财富的源泉，甚至提出工商业的发展还制约农业发展，指出"工不出，则农用乏；商不出，则宝货绝"。从"工商富国"的立场出发，桑弘羊主张国家要积极介入工商业以增加经济收入。包括对盐、铁、酒实行专卖，利用垄断价格，收取利润；推行均输平准，调节商品流通，平抑市场价格。

（2）"农工商并重"。桑弘羊经济思想的可贵之处在于，既超前人"重本抑末"的观念，又不忽视"重本"作用。他明确主张，只有摆正"农、工、商"三者的关系，才有可能促使"农商工师各得其所欲"，发展"工、商"不仅不会有害"本业"，而且"本业"也离不开"末业"的发展。他在重视"工、商"业发展的同时，也强调重视"本业"（农业）：要"建本""返本""贵本"和"务本"，而且把"重农"思想具体化了。

（3）"干预商业流通"。桑弘羊建议采取干预商业流通的两大措施。即"均输法"和"平准法"。公元前110年，在桑弘羊主持下普遍推行均输法。在郡国设均输官掌管各郡国应缴贡物统一折价、征收当地土特产品；把其中一部分产品运往京师，一部分运至价格高的地方出售，在适宜条件下在出售地用所得钱款收购特色产品，易地辗转贩卖。在郡国实施均输法、设均输官的同时，在京师设平准官，实施平准法，集中管理各地运至均输货物和"大农"所掌握的其余物资。"均输"和"平准"都隶属大农丞掌管。

（4）"均输"和"平准"的优越性。桑弘羊推行的"均输法"和"平准法"，根据市场价格涨落卖出或买进，达到调剂供需、平抑物价的目的，具有多种优越性：一是，节省大量成本，由于省去大量货物的远距离运输，节省了高额运输费用。二是，促进物资互通，加强了货物交流，可以"均有无而通万物"，解决了各地的资源过剩和短缺的问题，给人民生活也带来了方便。三是，平抑市场物价，在加强各地方经济联系的过程中，按照市场价格涨落卖出或买进，易地辗转贩卖，达到平抑物价之目的。四是，增加政府收入，朝廷借在京师设立的平准机构，掌握了巨大的商品储备、运输队伍以及经营，自然就增加了政府财政收入。

后人对桑弘羊的经济思想及政策措施评价道：摧抑兼并，均济贫乏，稳定市场，抑制物价，打击了富商大贾，变通天下之财，堪称一流。

91. 刘晏的粮食经济思想有哪些重要观点？

刘晏（716—780年），字士安，曹州南华（今山东东明县）人。刘晏在中唐执掌财经大权达数十年，担任过多项要职，堪称经济改革家。唐玄宗后期发生安史之乱，社会生产遭到严重破坏，整个国家基本陷入瘫痪状态。为了振兴社会经济，刘晏着手实施"盐政""常平仓"和"漕运"等改革，取得了显著成效。

刘晏的经济思想贯穿着"重商"的理念，即运用商业经济原则，活交流，兴经济，减徭赋，增收入。然而，刘晏不是利用国家行政力量、强制性增加劳动人民的赋税负担，而是利用国家经济力量参与商业活动，增加国家财政收入。他全面重视商品流通的作用及其管理。他强调，如果振兴和引导好商业经营，一则可以促进生产，另则可以保障供给和稳定物价。除最先改革盐政外，涉及粮食流通的有以下两方面：

一是，着力扩大常平仓经营。原本设立常平仓的职责只是赈济救灾，在唐朝设立"常平使"后，刘晏担任这项工作，其改革常平仓管理方法，扩大其经营范围。在粮食赈济救灾的基础上，还充分利用粮食商品流通引导、促进生产。按照刘晏的要求，把以往多年的粮食购买数量和价格分类，按价格高低分为5类，经上级认定后，即作为各地收购粮食数量和价格的依据，不必对每次收购粮食都申报，只需要每月提交一次经营呈报。刘晏强调：必须将粮食运送到灾区与当地交换其他产品，然后再运到外地销售。采取这种方式，可调剂两地的粮食等物资余缺，满足民众需求，保证社会经济稳定。既帮助了灾区救灾抗灾，又活跃了灾区的经济，还增加了国家财政收入，收利民利国之效。这就是刘晏坚持的"丰则贵籴，歉则贱粜"的原则。

二是，倾力改革漕运管理。刘晏对粮食漕运，包括粮食仓储、平抑粮价、活跃市场等，都多有贡献。在安史之乱后，他被任命为"转运使"，成为执掌漕运的最高官员，他采取了大力改革漕运的措施：①改变漕运方式，全部实现水运。刘晏规划漕运新路线，彻底放弃陆路运输。按照刘晏的新规划，"江船"至扬州、"淮船"至清口、"汴船"至河阴，漕米全部采取水运，抵达交换地点后就卸船把粮食装入中转仓。与此同时，放弃三门峡至京城的一段运费高昂的陆运，也全部改为水运。从此后，江淮漕粮全部采用水运方式。②废除督运劳役制度。刘晏针对漕运的严重弊端彻底废除了船头督运和无偿的劳役制度，建立起由国家直接经营的雇佣船工的漕粮运输业务，还按照不同水路的境况建造专用漕运船只，对安全运输者提供奖励。③改变漕粮包装方式。把漕运粮食一律袋装水运，"命囊米而载以舟"，装船、卸船方便容易，节省时间、人力，减少损耗。刘晏的"漕运改革"取得极大成效。用现代的话说，刘晏的"漕运改革"就是改善了粮食物流供应链，缩短了漕运时间，提高了漕运效率，节省了漕运成本。刘晏改革和建立的漕运管理办法，为后世的漕运提供了可行的制度。

 张居正的粮食经济思想有哪些重要观点？

张居正（1525—1582 年），字叔大，号太岳，明朝中后期政治家、改革家，明万历朝代内阁首辅。当时，张居正面临的是"国匮民穷"的窘迫境况困难局面。为了明朝中兴，张居正实施一系列改革举措，在实施"省议论、振纪纲、重诏令、核名实、固邦本、饬武备"等六大政改方案的同时，还着力推行重大财经改革措施。

（1）**清查土地，增加赋税。**张居正认为，"豪民有田不赋，贫民曲输为累，民穷逃亡，故额顿减"，是"国匮民穷"的根源。因此，他在 1578 年下令，在全国进行土地的重新丈量，清查漏税的田亩，此举成效显著。到 1580 年，全国查实征粮土地面积达七百零一万三千九百七十六顷，比之前增加了近三百万顷。这等于朝廷的府库增加了近三百

万顷的赋税资源，至万历十年（1582 年），国库堪称富庶。

（2）**改革赋税，实行"一条鞭法"**。清查土地为实行"一条鞭法"打下了基础，它是介于"两税法"与"摊丁入亩"之间的赋役制度，在我国封建社会后期的赋役制度的演变中有着承前启后的作用。"一条鞭法"的主要内容是：①各种税费"并为一条"。即以州、县为基础，将所有赋税包括正税、附加税、贡品，以及中央和地方需要的各种经费、全部徭役进行统一编派，"并为一条"，总计为一项收入。②合并统一征派徭役。在变法后，取消里甲之役，将应征的全部"门银"与"丁银"合并为一项。"丁银"的计算办法是，将力差的"工"（即劳动）和"食"的费用折算为银，全部"役银"以"丁"和"地"或（田粮）两大类因素统一考虑编派征收，即所谓"量地计丁，丁粮毕输于官"。自此，户不再是役的一种根据，丁的负担也部分转到"地"或"粮"中。③以银代赋役。在征收赋、役中，除国家必需的米麦丝绢仍交实物，以及"丁银"的一部分仍归人丁承担外，其余"皆计亩征银，折办于官"。④免除官府用役。过去"官为金募"，雇人从役。由"户丁"承担的催税、解送

田粮之差、伐薪、修路、搬运、厨役等，通过变法一概免除。

（3）提出"重农厚商"理念。在张居正经济思想理念中，"重农厚商"和"厚商利农"是辩证统一的。一方面，张居正发扬了"重农"思想，强调"农"是民之本，需要固本；但另一方面，他也抛弃了"抑商"观念，认为无商则农病，"重农"而不"抑商"。他明确主张，必须"农商并重"，并提出"省征发以厚农而资商；轻关市以厚商而利农"。与此相应，他反对随意增加商税，侵犯商人利益，这些做法顺应了历史发展的潮流。

93. 徐光启的粮食经济思想有哪些重要观点？

徐光启（1562—1633年），字子先，号玄扈，吴淞（今属上海）人。他精通天文历法，还是一位精通农学的杰出科学家。他的《农政全书》，是我国古代"五大农书"之一，其所提倡的"农本"和"粮经"思想，以及书中详尽的灾害防治措施，使这部中华农学巨著独具特点。

《农政全书》共分12门（农本、田制、农事、水利、农器、树艺、蚕桑、蚕桑广类、种植、收养、制造、荒政），60卷，70余万言。书中大部分篇幅，是分类引录了古代的有关农事的文献和明朝当时的文献，与我国古代其他的只论述农业技术的农书不同，《农政全书》不仅包括农业技术，而且还包括农政思想，后者约占全书一半以上的篇幅，主

要表现以下几个方面：

（1）"强基扩本"，解决"南粮北调"问题。徐光启高度重视并发扬"农本"思想，视粮食为富国强兵之本。他在《农政全书》的头三卷中着重阐述："生民率育之源，国家富强之本"。由此出发，徐光启大力倡导增产粮棉，特别提出解决北方地区"缺粮缺布"的问题。徐光启主张，发展北方粮食生产包括垦荒、水利，以及移民等。他强调实行屯垦荒，"垦荒足食，万世永利，而且不烦官帑"。

（2）"预弭为上"，制定全面的"荒政"。徐光启农政思想的又一重要内容是救灾赈济的方针政策。他提出了很有见地策论，即："预弭为上，有备为中，赈济为下。预弭者，浚河筑堤，怯民害也。有备者，尚蓄积，禁奢侈，设常平，通商贾也。赈济者，给米煮糜，计户而救之"。徐光启这一"荒政"，以"预防"为先，以"蓄积"为备，以"禁奢"为德，以"赈济"为果，堪称系统全面，对现代社会仍有启示意义。

（3）引"农技"融入"农政"。徐光启的农政思想中把先进农业科技与经济政策融合起来。例如，采用种麦避水湿、与蚕豆轮作等方法，进一步改进了南方的旱作增产技术。再如，推广甘薯种植，总结栽培经验，把甘薯大面积推向了全国。此外，徐光启还总结了蝗灾的发生规律和治蝗的方法。对于农业生产，他总结提出"精拣核（选种）、早下种、深根、短干、稀稞、肥壅"的十四字诀，有效提高了农业产量。

94. 什么是常平仓？

在中国古代，为调节粮价，储粮备荒，以及供应"官需民食"而设置的粮仓，称为常平仓。它起源于战国时李悝在魏国实行的平籴法。办法是：政府于丰年购进粮食储存，以免谷贱伤农；歉年则卖出所储存的粮食，以稳定粮价。在李悝之前，范蠡和管仲也有类似的思想。到汉武帝时，桑弘羊发展了上述思想，创立平准法，依仗政府掌握的大量钱帛物资，通过"贱收贵卖"以平抑物价。在这以后，汉宣帝大司农中丞耿寿昌把平准法着重实施于粮食的收储，在一些地区也设立了粮仓，收购市场价格过低的粮食入官，以"利百姓"。这种粮仓已被赋予常平仓之名。例如，当时在边疆金城、湟水一带，每石谷的售价仅八钱。耿寿昌曾在这地区购谷四十万斛。后来，他又就近从三辅、弘农、河东、上党和太原等地籴谷以供京师，收到显著成效。耿寿昌又奏请在边郡普遍设置粮仓，"以谷贱时增其贾而籴，以利农，谷贵时减贾而粜，名曰常平仓。民便之"。常平仓的基本流程是：丰收年粮食价格比较便宜，国家就以高于市场价的价格买入粮食，以避免谷贱伤农；在粮食歉收年，国家则以低于市场价的价格抛售，以抑制粮食价格暴涨和防止饥荒发生。

95. 什么是义仓？

所谓义仓，是由地方所设立的公共储粮备荒的粮仓，因为设在社区由当地人管理，因而又名"社仓"。义仓也是在汉代开始建立起来的，在南北朝时得到发展，到隋唐朝代兴盛起来。在隋文帝开皇五年（585年）始设义仓："奏令民间每秋家出粟麦一石以下，贫富差等，储之里巷，以备凶年，名曰义仓。"在收获时向民户征粮积储，以备荒年放赈。后又定积储之法，准上中下三等税，上户不过一石，中户不过七斗，下户不过四斗。及至唐初，置义仓及常平仓，后改称常平义仓。清代规定，州、县设常平仓，市镇设义仓，乡村设社仓，互相区别。至清朝咸丰、同治时期，义仓名存实亡。古代的义仓和常平仓的不同点是，常平仓通常是运用官府的资金进行粮食和食物囤积，而义仓是在官府的组织下，按人头和田亩抽取费用，逐渐发展成为民间自愿采纳、自愿管理的形式。

96. 什么是广惠仓？

广惠仓创于宋嘉祐二年（1057年），是宋朝特有的救济性仓储形式。广惠仓的粮食来源于每年征收上来的部分税米囤藏在仓库里，以用于平时扶助老幼病残者。它和义仓的不同点在于，是由官府赋税出资建立的。它与常平仓不同点在于，主要用于帮助老幼病残者。义仓和广惠仓属于民办仓储，它们以民间自主、自愿为主要特点，更多的是作为官办仓储的补充。

97. 我国古代的储粮备荒观是什么？

农业生产是一个弱质产业，在古代尤其如此，受自然因素的制约性极大。水涝、干旱、虫鼠、疫病，以及风雪、冰雹等各种频繁发生的灾害，引起古代政治家、思想家的关注。他们充分认识到凶年饥荒的灾难性后果，提出建立粮食储备以避免"汤七年旱，禹五年水，人之无馕，有卖子者"的凄惨景象。历代执政者都把"储粮备荒"作为国策贯彻实施。汉初政论家贾谊的《论积贮疏》，就是其中的代表作。他论述道：夫积贮者，天下之大命也。苟粟多而财有余，何为而不成？以攻则取，以守则固，以战则胜。其精辟含义是：积贮粮食，是关系到国家安危存亡的命脉所在。如果粮食充足财力有余，做什么事情会不成功呢？用它来攻城，就能打得下；用它来防守，就能守得牢；用它来作战，就能够战而胜之，使敌人降服。这样，贾谊把"积贮"的重要性生动地阐明了。

98. 我国古代的储粮备战观是什么？

我国古代不少政治家和思想家，不仅把粟（粮食）视为"富国、富民"的物质财富，而且还视为"强国、强兵"的军事物资。周文王曾强调粮食对于国家强弱、存亡的极端重要性。他说道："有十年之积者王，有五年之积者霸，无一年之积者亡。"战国中期著名政治家商鞅，在他的《商君书·农战》中明确提出：农业是财富产生的源泉，意之农，然后国家可以富。强者必富，富者必强。所谓"强"，指"强兵"。他还强调：国之所以兴者，农战也。国待农战而安，主待农战而尊。其意思是说："重农"才能富国，"重战"才能强兵，国富兵强，就有能力称霸于诸侯。他认为，"治国之要"在于"令民心归于农"。他举例说：百人农，一人居者王。十人农，一人居者强。半农半居者危。由此可见，商鞅已把粮食看作战略物资和制胜武器。

商鞅在"农战"思想指导下，提出的一系列经济主张措施，诸如实行"垦草令"，开垦荒地，扩大耕地面积；增加劳力，提高粮食产量；开封疆阡陌，实行土地私有制；提高粮食价格，严格管制流通。所有这些措施，都成为秦国的国策，成就了秦国的霸业。

 99. 我国古代的储粮安民观是什么？

我国古代不乏杰出的政治家和思想家，都发出过警示性名句："民以食为天""食为政首"，意指粮食对于人民群众的生产与生活至关重要：一是开辟农民就业生产门路；二是满足民众最基本的必需生活资料。春秋战国时的政治家管仲，在《管子》中写道："五谷食米，民之司命也"。"仓廪实而知礼节，衣食足而知荣辱"。其意很明确，粮食对于民生的关系至关紧密，国家粮食充裕，百姓衣食富足，就会发扬道德、明白荣辱、遵守礼节。到西汉初期的贾谊进一步发展了管子的观点，他对汉朝建立后没有解决粮食问题深表痛心：遇到恶劣年景，百姓要卖儿女活命，朝廷要卖爵位维持，饥寒切于民之肌肤，这样严重的情况必须引起警戒，解决之途径就是储备粮食，保障民食，使"饥者得食""不资者得赈"，安定民众生活。

100. 我国古代粮食文化的主要特征是什么？

农耕文化发展的历史实践表明，它的主体是粮食文化。如果说农耕文化是一棵大树，那么，粮食文化就是这棵大树的主根和主干。所谓粮食文化，是指在粮食生产、流通和消费过程中所创造的、与全部粮食活动相关的各个层面的物质精神文化成果的总和。

我国农耕文化源远流长，其主体构成部分的粮食文化自然也就历史悠久。在中原地区的农耕活动中广种谷物，形成了中原粮食文化。其特点是出现了多种耕作技术、新农具、新发明等。在裴李岗文化有关遗存中，出土了大量农业生产工具，像研磨精制的石磨盘棒，成为我国所发现最早的粮食加工工具，为早期粮食文化的发达提供了实物证据。除黄河流域以外，长江中下游地区的农耕活动也在远古时代就展开了。浙江杭州河姆渡考古出土的谷物化石表明，早在7 000年前这个地区就已开始种植稻谷了。伴随着农耕活动的开展，土地制度不断变革，生产工具不断革新，以及各种设施不断改进，把农业活动的广度和深度推向新的水平，粮食文化也相应迈向新的境界。可以说，中国农业的起源与发达、农业技术的发明与创造、农业制度的建立与演变、农业经济思想理论的产生与丰富，以及中华先人们的勤劳、智慧与创造力，都是中国古代粮食文化的源头。

农耕文化与游牧文化不同，它具有聚族而居、形成村社、遵守节气、相互和谐、精耕细作、自给自足的生产与生活方式与乡村管理制度等特征。这些特质，赋予了包括粮食文化在内的中华文化的重要特征，也是粮食文化绵延不断、丰富发展的重要根源。炎帝号称"神农氏"，教人们播种收获，开创了农业时代。三皇之首的伏羲教人们"织网"，开启了渔猎时代。战国时期由郑国主持修建的"郑国渠"，开拓出水利浇灌农业。"耕读传家"的家庭模式，促使尊老爱幼、勤劳勇敢、吃苦耐劳、艰苦奋斗、勤俭节约、邻里相帮等优秀文化传统和价值理念得到肯定和发扬。农业科技的革新与进步，二十四节气的发明，推动农业活动的范围更广阔、形式更多样，相应促使粮食文化更具地域多样性、历史传承性、乡土民间性、内容包容性。

中国漫漫五千春秋，粮食文化博大精深。农作物从孕育萌芽到破土成长；谷物从天然野生到人工栽培；工具从石器、木器到铁器；粮政从"重本抑末"到"农末并利"；调控从"平粜法"到"平籴法"；仓储从"常平仓"到"义仓"；储粮观从"备荒、备战"到"安民"，书写出具有中国特色的粮食储备史和文化史。至于粮食制度、法规、文献和典籍，乃至粮食传说和诗歌等都浩若瀚海，从《管子》与《商君书》，到《论积贮疏》与《论贵粟疏》等不胜枚举，至于粮食思想家、战略家更是灿若星汉，管仲、范蠡、李悝、商鞅、贾谊、晁错、桑弘羊、刘晏、徐光启等，在粮食经济思想理论上都有独特建树，产生深远影响。总之，中国粮食文化是多民族智慧的结晶，孕育出的爱国主义、以民为本、崇尚耕读、勤劳简朴、团结协作、爱好和平、诚实守信、自强不息等，不断丰富着中华优秀文化的宝库。

图书在版编目（CIP）数据

粮食安全 100 问 / 丁声俊编著 . —北京：中国农业
出版社，2021.9（2024.11 重印）
（乡村振兴 100 问系列丛书）
ISBN 978 - 7 - 109 - 28638 - 2

Ⅰ.①粮…　Ⅱ.①丁…　Ⅲ.①粮食安全－中国－问题
解答　Ⅳ.①F326.11 - 44

中国版本图书馆 CIP 数据核字（2021）第 156417 号

中国农业出版社出版
地址：北京市朝阳区麦子店街 18 号楼
邮编：100125
责任编辑：潘洪洋　王佳欣
版式设计：王　晨　责任校对：吴丽婷
印刷：三河市国英印务有限公司
版次：2021 年 9 月第 1 版
印次：2024 年 11 月河北第 7 次印刷
发行：新华书店北京发行所
开本：880mm×1230mm　1/32
印张：4.5
字数：100 千字
定价：30.00 元
